隠れ学級崩壊？
このクラス、ひょっとして

吉岡 拓也 著

はじめに

ドキドキ。

教師になって初めて教室に入ったときの緊張感を、今でも忘れられません。初任者として赴任した定時制高校。多様な背景を持つ子どもたち。私たち教師にも、まっすぐ向かってきます。

そんな素直な子どもたちとの関係づくりは、教師1年目の私にとっては簡単にできることではありませんでした。子どもの困っていることにも寄り添えず、自分の思いだけを押し付けていました。最初は、若い教師というだけでこちらを向いてくれていた子どもたちも、次第に私から離れていきます。

当然、授業も学級経営も失敗ばかり。毎日教室に行くのが憂鬱でした。きっと学級崩壊が起きていました。今でも、当時の子どもたちには申し訳なく思っています。

「はぁ……もう辞めようかな」

そんな私でしたが、今でもこうして辞めずに教師（現在は指導主事）として働いています。悩んでいた時に私の支えとなったのは、職場の先輩でした。落ち込んでいる私を職員室で見かけると、「お、どうした？」と声をかけてくださいました。

私の悩みを聞き、いっしょに学級や授業について考えてくださいました。時には授業を見てもらい、子どもたちのことをたくさん考えました。

「○○さんはこんなことを書いてたよ」

「□□さんは2つ目の問題でつまずいていたね」

先生たちは、私が見ることができなかった、子どもの様子をたくさん教えてくださいました。その姿から、次の手立てを考えることができました。

そして、新たなチャレンジが生まれます。

「次の授業では△△に挑戦してみよう。そして、子どもをもっと見てみよう」

そんな思いを持ち、少しずつ子どもの姿を見ようとしました。

すると、どの子どもも「もっとわかるようになりたい」という気持ちを持っていることに気づきました。そしてわかるようになると、子どもは本当にうれしそうな顔をします。

そこから少しずつですが、子どもに寄り添った授業や学級経営ができるように、自分なりに学んで挑戦を続けました。

そうしていると、授業中の子どもたちとのやりとりも楽しめるようになっていきました。子どもの考えは本当に素敵です。例えば、ある授業でのことです。

「なんで二股できるん？」

こんな声が聞こえました。道徳の授業ではありません。数学の授業で、ある子どもが、仲間に助けを求めた声です。（詳しくは第3章をお楽しみに！）

そんな声に一番耳を傾けたのは、クラスの仲間でした。二股問題について、みんなで考えて、いろいろな考えを出し合いました。授業者の私なんか放ったらかしです。みんなでわからないことに向き合って考えていました。子どもたちが夢中で考える姿、そして私の心の高揚感を今でも覚えています。

その日から、子どもたちのことをどんどん信頼できるようになりました。

「授業を通してこんな子どもになってほしいな」

そんなゴールも描けるようになります。授業でやりたいことがたくさん生まれ、授業が楽しくなりました。こうしてどんどん変わっていくことができたのは、よく周りを見て支えてくれた先輩の先生がいたからです。

あのとき、素敵な先輩の先生たちに出会っていなかったら……。仕事を辞めていたかもしれません。本当に感謝の気持ちでいっぱいです。

私の場合は、目に見える学級崩壊として問題が明確になり、支えてくださる仲間のおかげで、こうして今日までくることができました。

今、どの学校でも若い教師が増えてきています。なかなか周りに相談できる余裕もないかもしれません。だからこそ、本書では、問題として認識しづらい〝隠れ学級崩壊〟を取り上げました。どうすれば解決できるか、授業づくりの視点から、色々な提案をしていきます。

みなさまの困りごとに寄り添って、いっしょに考える、そんな存在になれればうれしい限りです。

目次

このクラス、ひょっとして隠れ学級崩壊？

第1章

理論編

「隠れ学級崩壊」を認識する

●このクラス、どう見えますか？

「イタタタ……」

先日、急に背中に激痛が……。あまりの痛さに、自席を離れてストレッチをしていました。その様子を見た同僚から、「整骨院に行って様子を見てもらったらどう？」とアドバイスをもらいました。

仕事の帰り、最寄りの駅に到着し、スマホの地図アプリで「整骨院」と検索。すると、たくさんのお店がヒットしました。実際に向かってみると、「あ、こんなところにもあったのか」と驚いたくらいです。これまで何度も歩いてきたところに、整骨院がたくさんあることに初めて気づきました。

このように、その人の視点や思いによって、見える世界も変わります。学校の授業や教室も同じです。見る人の視点や思いによって、違ったものに見えることでしょう。それを実感した場面がありました。

次のイラストは、ある学校の授業中の様子を表したものです。イラストをよく見てみてください。この教室、授業の様子を見て、どう思われるでしょうか。

○月×日

黒板の前に立った教師が、一生懸命に説明をしている場面のようです。落ち着いた、よい授業のように見えるかもしれません。では、子どもたちの様子はどうでしょう。特に、子どもたちはどんな風に学んでいるでしょうか。もう一度、イラストを見てみましょう。

どの子どもも、ちゃんと席に座って学習をしています。教室を飛び出したり、私語をして授業の邪魔をしたりする子どもはいません。机に顔をつけて、いかにも寝ているような子どももいません。

教師が黒板に書いた内容を、子どもたちは黙々とノートに書き取っています。教師に言われた通り、教科書を開きます。教師が「ここは大事だぞ。テストに出るよ」と言うと、すぐさまペンを持ち、教科書の本文に線を引きます。

教師も、静かに学んでいるように〝見える〟子どもたちに安心して、どんどん授業を進めていきます。教科書を持って説明したり、電子黒板に写真や動画を投影したりして、授業を進めていきます。

たまに、ちょっとした教師の小話を挟むと、子どもたちの笑い声も聞こえてきます。授業終了のチャイムがなりました。どうやら予定通りの内容まで終わったようで、教師はホッと安心しているようでした。

——さて、ある学校の、あるクラスの、ある授業の様子を紹介しました。いかがだったでしょうか。このような授業、子どもたちの姿は、日本のどの学校、どの学級でも、見られるはずです。みなさまも、同じような光景を見た覚えはありませんか。自分のクラス、授業で同じような状況になっていませんか。

実はこのクラス、学級崩壊を起こしている可能性があります。

こう言われて、信じられるでしょうか。

職業柄、私は多くの学校を訪問しています。学校を訪問したときは、なるべく多くの授業を見せていただくようにしています。そんな中で、私も教室の後ろから、子どもたち、授業の様子を見ていても気づかないことがたくさんあります。

では、ここで視点を変えてみます。教室の前から子どもたちを見てみるとどうでしょうか。先ほどのイラストの子どもたちの様子を、教室の前から見ると、実は次のような状態でした。

授業中、子どもたちが、真剣に学んでいるかどうか、表情や行動を見てみるとすぐにわ

かるはずです。教室の後ろから見ると、多くの子どもがちゃんと学んでいるように見えた授業でしたが、前からみると大きく様子が違いました。

子どもたちは、教科書に目線を落としたり、ノートの隅っこに落書きをしたり、端末で関係ないことを検索したり、うとうとしていたり……。学びに夢中になっているとは言えない状況でした。

指名されそうになったら、そっとノートに目をやります。教師に指名されるのを避けるためです。教師は、よく答えてくれる一部の子どもだけを指名して授業が進んでいきます。学ぶことを楽しんでいる様子ではありません。

え、さっきの教師の小話では笑っていたのでは？

よくよく見てみると、教師の小話に笑っている子どもは一部の子どもだけでした。大半の子どもはあまり笑っていません。「自分の話はみんなにウケている！」と、教師が満足しているだけでした。

つまり、ほとんどの子どもが静かに席に座り、学んでいる〝フリ〟をしているだけの授業でした。

●「隠れ学級崩壊」とは？

今回は、極端な例を紹介しました。

教室の後ろから見ると、教師の話をちゃんと聞いているように見える子どもたち。しかし、教室の前から子どもの様子を見ると、うたた寝をしている子ども、教師の話を聞いていない子ども、また聞いているだけで自ら主体的に学ぼうとしていない子どもなどがたくさんいました。

このような授業によって、子どもたちが力をつける機会を奪っている可能性だってあります。厳しい言い方になりますが、時間泥棒だと言えるかもしれません。

このような状況、クラスの様子こそが、今の学校における問題点の一つではないでしょうか。東京大学名誉教授の佐藤学氏は「学びの偽装」だと言います。

このような学級の様子を、私は「隠れ学級崩壊」と名づけました。本書では、「隠れ学級崩壊」を次のように定義しています。

子どもたちが、教室内で教師の指示・指導に従っているように見えるが、主体的に学ぼうとする意思がないなど、未来の創り手としての子どもの資質・能力が育たない状態になっていること。

問題として認識されやすい学級崩壊とは違い、「隠れ学級崩壊」は、表面上は大きな問題があるようには見えません。授業が成立しないような状況を経験した教師からすると、静かに席に座っているだけで十分だ、という認識になるのかもしれません。

特に、生徒指導対応に追われる学校の教師と話をすると、「まず静かに席に座らせないと」という声が返ってくることがあります。静かに話を聞いて、ノートをしっかりと書いてくれればいいという思いを持つ教師も多いようです。

そのため、「隠れ学級崩壊」を問題視し、改善を図ることにあまり意識が向いていません。

これまで、子どもたちは学級崩壊という認識しやすい形で、教師の指導や授業の問題点を示してくれていました。しかし、「隠れ学級崩壊」の場合は、教師が「今の状態ではいけない」と問題点を認識することからのスタートになります。

●「学級崩壊」と「隠れ学級崩壊」は何が違うのか

そもそも、従来の学級崩壊とはどういった状況でしょうか。

学級経営研究会によると、「学級がうまく機能しない状況」として、次のように定義されています。

子どもたちが教室内で勝手な行動をして教師の指導に従わず、授業が成立しないなど、集団教育という学校の機能が成立しない学級の状態が一定期間継続し、学級担任による通常の手法では問題解決ができない状態に立ち至っている場合。

非常に厳しい状況であることがわかります。昔の学園ドラマなどに出てくる、いわゆる〝荒れた〟教室の様子だと思うとイメージがしやすいかもしれません。このような状況として、具体的には次のようなことが考えられます。

・一人もしくは複数の子どもが、教師の指示に従わない

・一人もしくは複数の子どもが、私語をしていたり、席を立ったりして授業の進行を妨げる
・一人もしくは複数の子どもが、勝手に教室を飛び出す

このような状況をもたらす背景とは何でしょうか。いろいろな背景が考えられますが、前述の学級経営研究会などを参考に、次の4つを挙げてみました。

①学級担任・教科担任の指導力不足の問題
②学校の対応の問題
③子どもの生活や人間関係の変化
④家庭・地域社会の教育力の低下

この4つは、学級崩壊に限らず、今の教育現場の問題点としても、考えることができそうです。それぞれについて詳しく見てみましょう。

①学級担任、教科担任の指導力不足の問題

小学校でも教科担任制が進んでいます。そもそも中学校や高等学校では、各教科や各科目の担当教師が授業をしています。一人の学級担任の指導力不足が原因ではなく、クラスに関わるすべての教師の指導力不足が原因だと考えられます。

②学校の対応の問題

例えば、小学校と中学校等の学校間の連携不足や、教師同士で相談しやすい雰囲気づくりができていないことが原因として考えられます。

特に、全国のどの学校でも、経験の浅い教師が増えています。これまでならば、校内でのＯＪＴなどによって支援をしたり、問題が起きたときにも一緒になって対応を考えたりしてきました。しかし、中堅の教師に余裕もなく、色々な場面で組織としての対応ができていない可能性もあります。

③子どもの生活、人間関係の変化

スマートフォンやＳＮＳの普及などにより、子どもの生活も変わり、学校、教室以外でもつながることができるようになりました。

人と関わる場所が学校だけではなくなっています。教室での子ども同士の関係づくりも変わってきています。

④家庭・地域社会の教育力の低下

核家族が増えており、家庭での教育が不十分であることも挙げられます。また、コロナ禍等の影響もあり、地域のつながりも薄まっています。

そのようなことから、家庭や地域の教育力が低下していることが考えられます。そのため、子どもに必要な支援が行き届かず、子どもに関わるすべての大人の力で子どもの成長を支えることができていません。

このような問題点は、学級崩壊とも関わりがあると考えられます。さらに、学級崩壊とは、学級経営がうまくいかなかった状態とも言えそうです。

では、学級経営とは何のことを言うのでしょうか。

学習指導要領の第1章「総則」(小学校・中学校は第4、高等学校は第5款)「児童(生徒)の発達の支援」「1　児童(生徒)の発達を支える指導の充実」の(1)において、次のように書かれています。

学習や生活の基盤として、教師と児童（生徒）との信頼関係及び児童（生徒）相互のよりよい人間関係を育てるため、日頃から学級（ホームルーム）経営の充実を図ること。また、主に集団の場面で必要な指導や援助を行うガイダンスと、個々の児童（生徒）の多様な実態を踏まえ、一人一人が抱える課題に個別に対応した指導を行うカウンセリングの双方により、児童（生徒）の発達を支援すること。

また、『生徒指導提要（改訂版）』第1章 生徒指導の基礎 1．1 生徒指導の意義 1．1．2 生徒指導の実践上の視点には次のように書かれています。

学級経営・ホームルーム経営（以下「学級・ホームルーム経営」という。）の焦点は、教職員と児童生徒、児童生徒同士の選択できない出会いから始まる生活集団を、どのようにして認め合い・励まし合い・支え合える学習集団に変えていくのかということに置かれます。失敗を恐れない、間違いやできないことを笑わない、むしろ、なぜそう思ったのか、どうすればできるようになるのかを皆で考える支持的で創造的な学級・ホーム

ルームづくりが生徒指導の土台となります。そのためには、自他の個性を尊重し、相手の立場に立って考え、行動できる相互扶助的で共感的な人間関係をいかに早期に創りあげるかが重要となります。

このように、学級経営には、集団づくりや児童生徒理解、授業づくりなど様々な要因が関わっています。さらに、教室の環境整備などの要因も複雑に絡み合っています。そのような要因がうまく機能せずに、学級経営がうまくいかなかった結果が学級崩壊であるとも言えそうです。

これまでの学級崩壊では、そういった結果が顕著にわかりました。子どもたちが実際の行動で示してくれていたからです。そのため、周りの教師や管理職も問題を認知でき、支援をしたり、次の手を考えたりすることができました。

しかし、「隠れ学級崩壊」は大きな課題があるようには見えません。だからこそ「隠れ学級崩壊」をまずは認知するところから始めていきましょう。

そこで、「隠れ学級崩壊」チェックリストを作成しました（次ページ）。

☆『隠れ学級崩壊』チェックリスト

□子どもたちが、教室内で教師の指示・指導に従っているように見える。
（立ち歩きなど授業の進行を妨げている子どもはいない）

□子どもたちが、自ら学ぼうとしていない。
（夢中になって学んでいない）

□右記のことに、教師が気づいていない。
（もしくは、認知しようとしていない、改善しようとしていない）

この3点が、「隠れ学級崩壊」の大きなポイントといえます。ではなぜ、そのような「隠れ学級崩壊」が起きてしまうのでしょうか。その理由を考えてみます。

●「隠れ学級崩壊」が増えている

今、私は年間100回ほど、学校を訪問しています。その中で、いろいろな学校、学級、そして授業を拝見しています。そうしてたくさんの教師や子どもたちと出会う中で、「隠れ学級崩壊」が増えているのではないかと考えていました。

その理由としては、次の3つの要因が挙げられます。

(1) 社会と子どもの変化

電車に乗ってふと周りを見渡すと、多くの大人がスマートフォンを手にしています。SNSで情報を得たり、動画を視聴したり、ゲームをしたり……。スマートフォンが、とても便利なツールであることは確かであり、ICTによって社会や私たちの生活がどんどん変わっています。

そうして社会が大きく変わり続ける中、GIGAスクール構想によって、1人1台の端末とネットワーク環境が整備されました。端末とクラウドの活用によって、オンライン授業等も急激に普及しました。

今までは、学校が主に人とつながる場であり、学ぶ場でした。学校に登校して、仲間とつながり、そして学ぶ。それが当たり前でした。

しかし、ICTやオンラインの活用により、いつでも人とつながれるようになっています。「第三の居場所（家庭、学校以外の子どもの学びの場）」という言葉もある通り、学校以外の学びの場もどんどん増えています。

また、2021年『児童生徒の問題行動・不登校等生徒指導上の諸課題に関する調査結果の概要』によると、次のようなことがわかります（筆者まとめ）。

小学校・中学校における不登校児童生徒数は24万4940人（前年度19万6127人）であり、前年度から4万8813人（24・9％）増加。在籍児童生徒に占める不登校児童生徒の割合は2・6％（前年度2・0％）。

過去5年間の傾向として、小学校・中学校ともに不登校児童生徒数及びその割合は増加している（小学校　2016年度：0・5％→　2021年度：1・3％、中学校

２０１６年度：３・０％→ ２０２１年度：５・０％）。

このように、不登校児童生徒数は年々増加の傾向にあります。私も定時制高校に勤務した経験がありますので、不登校児童生徒数の増加を実感していました。しかし先述の通り、たとえ学校に登校せずとも、オンライン等も活用しながら学習ができるようになりつつあることも事実です。しかも、学校に通わずとも、ＳＮＳなどでつながりを持つことができます。だからこそ、学校での人間関係に固執する必要もなく、学級の集団として育ちにくいのかもしれません。

このように、子どもたちを取り巻く環境が、どんどん変わっていることで、子どもたちの関係づくりも変わってきていると言えそうです。

環境だけではありません。子どもに求められるものも変わっています。これからの時代を生きる子どもに必要なものは何でしょうか。

「『令和の日本型学校教育』の構築を目指して～全ての子供たちの可能性を引き出す、個別最適な学びと、協働的な学びの実現～（答申）」には、「次代を切り拓く子供たちに

求められる資質・能力」として、次のような力が挙げられています。（筆者が抜粋）

・文章の意味を正確に理解する読解力

・教科等固有の見方・考え方を働かせて自分の頭で考えて表現する力

・対話や協働を通じて知識やアイディアを共有し新しい解や納得解を生み出す力

・豊かな情操や規範意識、自他の生命の尊重、自己肯定感・自己有用感、他者への思いやり、対面でのコミュニケーションを通じて人間関係を築く力

・困難を乗り越え、ものごとを成し遂げる力

・自然環境や資源の有限性、貧困、イノベーションなど、地域や地球規模の諸課題について、子供一人一人が自らの課題として考え、持続可能な社会づくりにつなげていく力

○○力とつくものだけでも、たくさんのことがあります。

また、経済協力開発機構（ＯＥＣＤ）では、子どもたちが２０３０年以降も活躍するために必要な資質・能力について検討を行い、２０１９年5月に〝Learning Compass2030〟を発表しています。この中で、子どもたちが**ウェルビーイング（well-being）を実現して**

いくために自ら主体的に目標を設定し、振り返りながら、責任ある行動がとれる力を身に付けることの重要性が指摘されています。

このように、子どもに求められる力は本当にたくさんあります。おそらく、私たちが子どもの頃よりも求められるものが増えています。

また、塾に、習い事に、毎日とても忙しい子どもも多いと聞きます。そのような子どもは、時間のゆとりがなく、自分の好きなことに向き合ったり、挑戦したりすることがなかなかできないかもしれません。

さらに、子どもの捉え方も変わってきています。

２０２２年の「通常の学級に在籍する特別な教育的支援を必要とする児童生徒に関する調査結果（令和４年）」によると、通常の学級に在籍する小中学生の８・８％に学習や行動に困難のある発達障害の可能性があることがわかっています。

質問内容が違うため、単純比較はできませんが、初調査の２００２年（６・３％）と前回調査の２０１２年（６・５％）より比率があがっています。発達障害の子どもが増えているという訳ではなく、保護者や教師の間で特別支援教育への理解が深まり、これまでは落ち着きがない子と見過ごされてきた子どもたちに目を向けることができるようになったとされています。

このように、子どもを取り巻く環境や求められるもの、捉え方などが年々変わっており、「隠れ学級崩壊」につながっていると考えられます。

(2) 教師の指導力

そんな子どもと向き合う、教師の状況はどうでしょうか。

全国的に若い教師が増えています。それは実際のデータからも明らかです。「令和元年度学校教員統計調査(確定値)」によると、次のようなことがわかります(筆者まとめ)。

- **教員の年齢構成について、公立幼稚園、公立小学校及び公立中学校では前回調査時より30歳未満の比率が上昇し、50歳以上の比率が低下している。**
- **一方で、公立高等学校では、30歳未満の比率も50歳以上の比率も前回調査時より上昇している。**

教師の年齢構成のデータ（次ページ図を参照）を見ても、若手の教師の増加、そしていわゆるミドルリーダーとして引っ張る世代が少ないことがわかります。つまり、若手教師への支援や指導が十分に行き届かず、指導力の向上を図ることができていないことが考えられます。

また、以前の学級崩壊を経験した教師は、「隠れ学級崩壊」の状況を認知することができずにいる可能性もあります。そのため、問題として捉えて対応することができていないのではないのでしょうか。

以前だと、学級崩壊が起きてしまったならば、複数の教師で対応したり、子どもとの関わり方を見直したりしていました。さらには、子どもが夢中になる授業をしようと、教材研究をしたり、授業の方法を工夫したりしてきました。

しかし、どんなに〝つまらない〟授業をしていたとしても、「隠れ学級崩壊」の状況ならば、子どもたちは一見静かに聞いているように思えます。どの子どもも大人しく座っているので、「授業がうまくいっている」と大きな勘違いだって生まれてしまいそうです。

そのため、授業を改善する必然性を感じにくくなります。

年齢別本務教員数

（小学校・中学校・高等学校・中等教育学校・特別支援学校の合計）

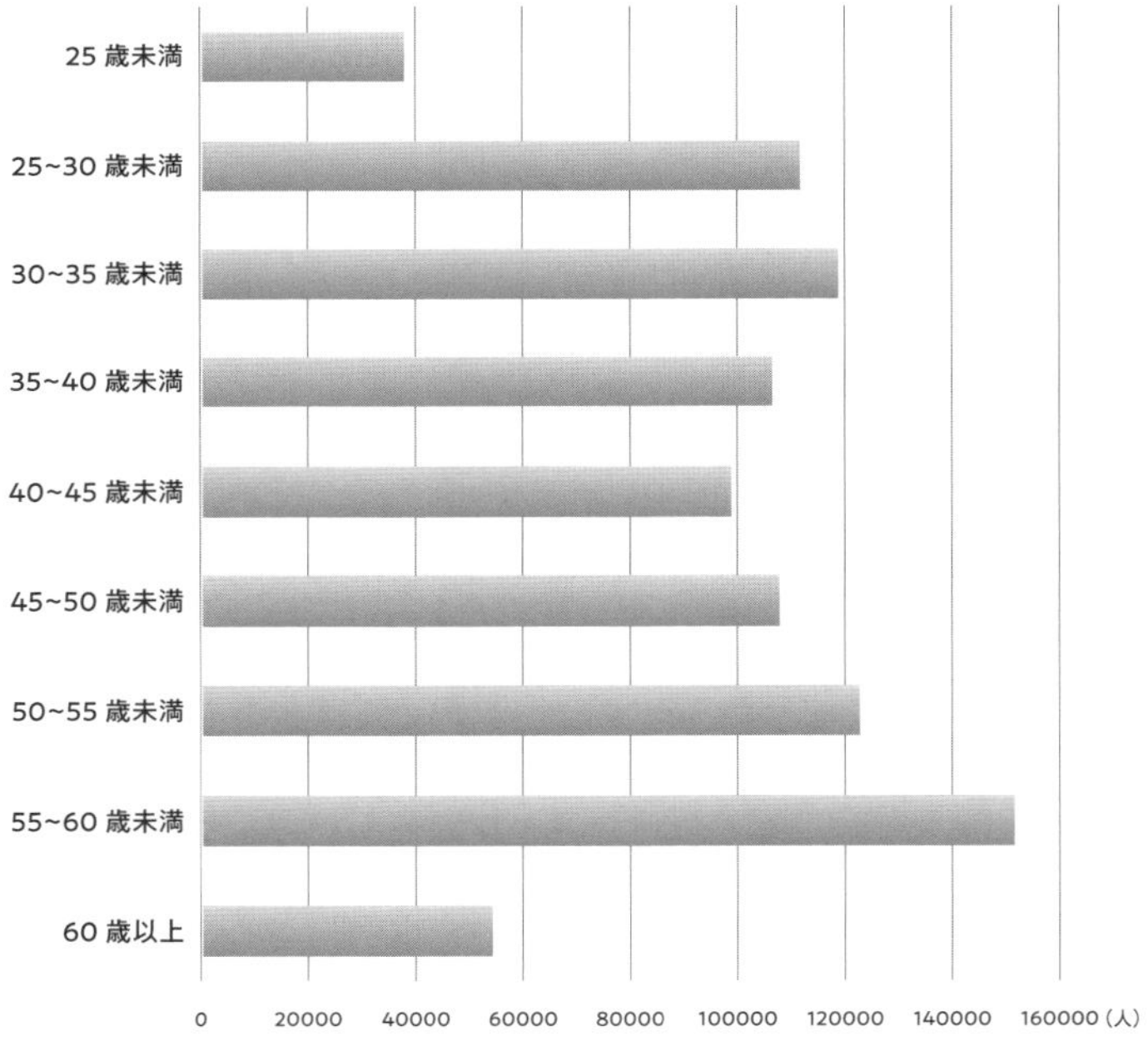

（出典）令和元年度学校教員統計調査

授業を改善しようとしないため、指導力も高まっていきません。どうすればよりよい授業をできるようになるのか、子どもたちがもっと夢中になって学ぶ授業をどうつくっていくのかと考えることができないため、新しいチャレンジも生まれていないと考えられます。

例えば、GIGAスクール構想の推進にしてもそうです。文部科学省「1人1台端末の利活用状況について」によると、自治体間、学校間で端末の活用状況に差が生まれているそうです。

そのような差はなぜ生まれてしまうのでしょうか。一つの理由として、GIGAスクール構想が進まない背景には、端末の活用によって、子どもたちへの指導が増えてしまうなどの懸念があるからでしょう。

「端末に関する指導が増えるから、あまり活用できない」
「端末があるから、子どもは集中して学ぶことができない」

こう心配する気持ちもよくわかります。しかし、一度立ち止まって考えてみませんか。本当に、子どもたちが学びに向かえない理由は、端末があるからでしょうか。

例えば、端末で授業に関係ないことを調べている子どもがいたとします。この子どもは端末がないときはどうしていたのでしょうか。もしかしたら、ノートや教科書に落書きをしていたかもしれません。

これまでも、授業中に学びから遠ざかってしまう子どもたちはいました。私も定時制高校に勤務していた時、そういった子どもたちと向き合ってきました。つまらない授業をしてしまうと、子どもたちは素直に行動で表します。だからこそ、私は自分の授業を見直して、授業改善に取り組むことができました。

これは、端末の活用においても同じではないでしょうか。授業中、しっかりと学べていないのは、端末のせいでも、子どものせいでもありません。原因は教師の授業にあるのです。

何もかも制限するのではなく、「学んでみたい！」と思える授業をできていないこと、ここに焦点を当てて授業改善に取り組んでいきたいと私は考えます。

このようなことを意識せずに教師としての力量を高めないでいるとどうなるでしょうか。

最近、ChatGPTが話題になりました。ＡＩに質問をすると、いろいろなことを教えてくれます。もちろん、情報の正確性などの課題は残りますが、一問一答の答えは簡単に得ることができます。

教師が一生懸命説明をしていたのに、「先生、それChatGPTに質問すればわかりますよ」と子どもに言われることだってあるかもしれません。これまで通りの授業、教師が一方的に教えるだけの授業では、ＡＩでも代替可能になっていくかもしれません。

さらに、ただ教科書に書いてある内容を教えて説明するだけならば、日本中にもっと上手な教師がいるかもしれません。将来的には、公式などの説明を全国のスーパーティーチャーによるＶＲ（動画）にして配信することだって考えられます。教育系YouTuberの授業が人気になるように、子どもはいつでも自分のペースで動画を見て学習することができます。

このようなことからも、今まで通りの授業ではいけないことがよくわかります。「不易流行」の言葉の通り、教師として改善点をどう見つけ自分自身をアップデートしていくのかが欠かせません。

不易とは、「変わり続けること、学び続けることをやめないこと」だと私は考えています。教師が変わり続けない限り、「隠れ学級崩壊」は増えていくのではないでしょうか。

(3) 余白があるかどうか

では、どうしてなかなか変わることができないのでしょうか。私は「余白」がないことが原因だと考えています。

買い物をしようと、スーパーやコンビニに行ったときのことを思い出してください。買い物カゴを持つと、ついついカゴをいっぱいにしてしまった経験はないでしょうか。

ここにはパーキンソンの法則が隠されています。仕事の量は、完成のために与えられた時間をすべて満たすまで膨張すること、支出の額は、収入の額に達するまで膨張することが言われています。つまり、人は使えるだけ資源を使ってしまうということです。

買い物カゴも同じです。大きなカゴを持ってしまうと、そのカゴの余白を埋めたいと余計なものまで買ってしまいます。

素敵な小説は読み手に考える余白を与えていると言われます。「この文章はこういうことかな。主人公はこんな思いだったのではないか」といった考えが生まれるのも、よい余白があるからです。

デザインをするときにも、真っ白な紙に目一杯書くのではなく、あえて余白を残しておくことで、アイデアが生まれるようです。

このように、余白には魅力があるのです。余白があることで、人の頭が動き、行動も変わっていきます。一方で、余白がないと人は動きません。

今の学校の状況を見るに、教師にとっての余白がなかなかありません。その余白には、次の2つの種類があると考えています。

・時間の余白
・心の余白

時間の余白は、仕事の多忙感とも関わります。ここ数年で言うと、GIGAスクール構想など、どんどん新しいことが出てきます。コロナ対応からオンライン授業など、教育に求められるものの質も量も増加しています。

それだけでなく、先述の通り、子どもたちを取り巻く環境も変わっています。一人ひとりが持つ背景も違う中で、子どもたちに寄り添うことが求められています。加えて保護者への関わりなど教師の仕事はどんどん増えています。

それはデータを見ても明らかです。2018年に行われたOECDの国際教員指導環境調査によると、日本の学校教師の1週間の仕事時間は、小中学校ともにOECD参加国中最長の時間となっています。特に中学校では週に56時間と、平均の約1・5倍もあります。

その時間の内訳をみると、「課外活動」「事務業務」に費やす時間が参加国の平均と比べてとても多い一方で、自らの職能開発に使う時間は参加国中最短となっています。

あるいは、教員勤務実態調査（令和4度速報値、文部科学省）によると、中学校では36・6％の教師が週60時間以上在校し仕事をしていることがわかります。

教師不足もたびたび話題となっているように、この状況は今後も続いていくことが予想されます。子どもたちのためによりよいものを提供したいと思えば思うほど、やることが増えて、逆に教師の仕事が増える現状にあります。そのようなことから、教師の時間の余白はなかなか生まれていません。

働き方改革を進めることで、仕事内容を精通し、時間の余白をつくることも、もちろん大事になるでしょう。しかし、精神の余白によって、時間の余白が生まれることもあると私は考えています。

例えば、駅のホームで、電車を待っているときのことです。ホームの電光掲示板に、電車の運行状況が表示されています。運行状況を見ることで「あ、1つ前の駅を出発したんだな」と安心して電車を待つことができます。

また、時には電車の到着が遅れることもあります。あなたが駅のホームで電車を待つときに、どちらのアナウンスが流れれば安心して待つことができるでしょうか。

A「現在、遅延しております。もうしばらくお待ちください」

B「現在、遅延しております。10分後に到着します」

おそらくBだと思います。10分後に電車がくるという見通しがあることで、待つときの気持ちも大きく変わってきます。

今、スマホのアプリでは、ほかの電車の運行状況も確認できるようです。そのような見通しを持つことで、電車を待つのか、他の手段で移動するのか、と次の行動を考えることができます。

このように、見通しを共有することは非常に重要です。では、学校での見通しとは何でしょうか。そのひとつが「どのような子どもたちを育てたいか」というゴールです。

例えば、GIGAスクール構想が始まり、いろいろな手段でゴールを目指すことができるようになりました。

しかし、目指すゴールがバラバラでは意味がありません。目指すゴールさえ決まれば、教師も子どもも自分の好きな方法で進むことができます。

以前、拝見した小学校の例を紹介します。「自分の言葉で思いを伝えることができる子どもを育てる」というゴールを学年全体で共有していました。2人の授業者が、国語の授業で次のような活動を展開していました。

（1）A先生：手書きの発表ポスターを活用して発表する
（2）B先生：プレゼンテーションソフトを活用して発表する

それぞれの教師が、クラスの子どもの実態に合わせて、自分の思いを伝える場面をつくっていました。もしこの場面で「必ず、プレゼンテーションソフトを使いましょう」と授業の方法を決めてしまうとどうでしょうか。子どものことを思っての判断だったとしても、それでは「こんな方法はどうだろう?」と教師が授業について試行錯誤する楽しさ(心の余白)を奪ってしまうことになりかねません。

ゴールが明確だからこそ、教師が授業について考えて、自分なりに創意工夫できる楽しさが生まれます。例えば、学年や教科の会議にて、「次の授業の時間では必ず◯◯という方法で授業してください」と「方法論」を押し付けるとどうなるでしょうか。おそらく、先生たちの主体性は失われてしまいます。

そうではなく、「今回の授業では、◯◯という力を子どもが身につけることができるようにしたいと思います。そのための方法はお任せします」と委ねてみます。すると、「じゃあ今回はこれをやってみようかな」とそれぞれの教師が主体的に考えて行動をするようになるはずです。

そうして、教師の「やりたい」という思いであふれる学校では、子どもも生き生きと学ぶことができると考えています。子どもにどんな力をつけるのかとベクトルを合わせて、進み方は各自に委ねてみたいものです。

こんな子どもになってほしい、そんなゴールがあるから、自分の授業や実践に足りないものも見えてきます。目標と現状の差が明確になるからです。差が明確になるからこそ、「もっとこうしてみたい」という創造性や楽しさといった心の余白が生まれます。心の余白があるからこそ、新たな実践に挑戦できます。

そして、実践が変わると、子どもの姿が変わります。問題行動の数も減り、時間の余白が生まれることでしょう。こうして、心の余白と時間の余白は、それぞれが独立したものではなく、お互いに関わりがあります。

まずは心の余白をつくり、授業づくりなどの実践に挑戦していくことです。それが、「隠れ学級崩壊」へ立ち向かうヒントになるのではないでしょうか。

第2章

実践編

「隠れ学級崩壊」に立ち向かう

第1章では、理論編として、私が出会った授業をヒントに「隠れ学級崩壊」について、認識を深めていきました。

これまでの学級崩壊との違いを明らかにし、「隠れ学級崩壊」を定義しました。そして、「隠れ学級崩壊」が増えている要因等についても、資料をもとに考えてきました。うまくいっていないことを言及してきましたので、少し暗い印象になってしまったかもしれません。

本章では、「隠れ学級崩壊」と言える具体的な授業の場面について、考えていきます。私の経験や実際に見た場面をもとに紹介しています。

授業の細かな場面について取り上げました。もちろん、あくまで一例であり、すべての場面でそうなっているとは限りません。

それぞれの場面で、次のように分けて考えています。

・子どもの様子
・問題の要因
・解決するために

この3つに分けることで、似たような場面に遭遇したときに、問題の要因を考えて、解決するための方法を探ることができるようにしています。

特に、教師の目線では見えてこない、子どもの様子を考えることを大事にしています。子どもの様子を起点にすることで、問題の要因も、解決策も見えてくるのではないでしょうか。

自分自身への戒め、もっとこうすればよかったなという反省の念も込められています。読んでいただくことで、自分の実践を振り返る、あるいは他の学級や授業の様子を見るときの視点を得ることになればうれしいです。

では早速、「隠れ学級崩壊」に立ち向かっていきましょう。

実例① 教師が説明しているとき

場面

教師が算数（数学）の例題について説明している場面です。板書をしながら、あるいは、電子黒板にプレゼンテーションソフトのスライドやデジタル教科書を表示しながら、教師が一生懸命に話しています。

子どもたちの机の上には、ノートやプリントのみが置いてあります。教師の説明を聞きながら、ノートに書いているように見えます。

子どもの様子

そのときの子どもたちの様子を教室の前から見てみましょう。

よく見てみると、真剣に話を聞いているような子どもはあまりいません。大半の子どもは、教師が言うことをノートに書き写すだけのようです。

子どもはわからないことがあっても、周りに聞くこともできません。教科書を見ようにも、「教科書はしまっておきましょう」という教師の指示があったため、教科書は机の中です。

このように、子どもたちが静かに座って、教師の説明をおとなしく聞いている（もしくは、聞いている〝フリ〟をしている）という場面は、「隠れ学級崩壊」の一つと言えるでしょう。

問題の要因

この場面で「隠れ学級崩壊」が起きてしまう要因は3つ考えられます。

1つ目は、教師の多忙感です。1章で考えた時間の余白がまさにそうです。コロナへの対応、新しい学習指導要領や評価、そしてGIGAスクール構想など、やるべきことがたくさんあります。

そのため、肝心の授業づくりに関する準備の時間を十分に確保できていません。授業の中で、どこまで教師が説明して、どこから子どもたちに考えてもらうのか。子どもが自分で学ぶ時間を確保するために、説明や課題を工夫するのか。そういった授業の展開や発問、課題を考える時間、準備が大切になるはずです。

しかし、授業準備にかける時間がないため、そういった授業づくりができていません。ひとまず教科書や指導書に書いている通りに教えることで、まるで免罪符のように安心している。そんなことが考えられます。

2つ目は、授業づくりの意識が変わっていないことです。例えば、エドガー・デールの経験の円錐によると、学習方法ごとの2週間後の定着率として、調査結果が次のようにまとめられています。

読んだこと…………10%
聞いたこと…………20%
見たこと……………30%
見ながら考えたこと……50%
相手に話したこと………70%
体験したこと…………90%

ここからもわかるように、教師の説明を聞いているだけでは、子どもの記憶にはあまり残りません。それでも、教師が説明を続けるということは、子どものよりよい学びの可能性を奪っている可能性があります。

つまり、主体的・対話的で深い学びの実現を目指した授業づくりへの転換ができていないことが要因の2つ目です。

3つ目は、教師の同一主義です。例えば、授業でこのプリントを使いましょうと共通理解を図ることもあると思います。中学校や高等学校では、定期考査の問題内容を先生同士で前もって共有することも多いはずです。そのため、自分のクラスだけ違うことをしたり、新しいチャレンジをしたりすることが難しいかもしれません。

学校でよく見られる、足並みを揃える、ということは公平性の担保の視点からも必要です。特に、生徒指導の場面などで、一定のラインを決めておくことは、とても大事になります。

同じように、授業において教師の足並みを揃えることは、一見良いようにも見えます。しかし、実は教師の主体性や、よりよい授業づくりに挑戦したいという創造性（心の余白）を奪っている可能性だってあります。

解決するために

では、どうしていけばいいでしょうか。この場面でできる解決策として2つのことを紹介します。

1つ目は、説明の時間を「●分以内にする」と前もって決めておくことです。『1分で話せ』という本がとても売れたように、話す内容をシンプルに簡潔にすることで、聞き手にも伝わりやすくなります。

もちろん、教科や単元、授業の内容によってその時間は変わってきます。しかし、なるべく端的に話せるようになりたいものです。(自戒も込めて……)

やはり、端的に話すためには、事前の準備が欠かせません。準備をせずに話し始めて、ダラダラと長くなってしまった経験はありませんか(私は何度もあります)。

ここは教科書に書いてあるから説明を省こう、この内容は大事だから時間をとって別の資料を使って説明しようと、準備がしっかりできているからこそ、説明の軽重をつけることができます。

さらに、念入りな事前の準備とともに、話の見通しを共有します。

「今から、〇〇について説明をします。3分間だけ話しますので、よく聞いてください」

教師が子どもにこう宣言することで、教師にも負荷がかかります。私も、砂時計を教壇に置いて、説明をしたこともありました。3分と宣言したからには、しっかりと3分で話をできたかどうかを分析することまで徹底したいものです。

3分なら3分と時間を明確にすることで、子どもも集中して話を聞くようになっていきます。活動のメリハリも生まれ、授業がどんどん変わっていくはずです。

2つ目は、説明の途中や最後にアウトプットの時間を入れることです。

先ほども説明した、エドガー・デールの経験の円錐によると、相手に話したことは記憶に残りやすいと言われています。この、〝相手に話す〟ということを取り入れてみます。

例えば私なら、教師が説明をしている場面で、一度話すのをやめます。そして、こう指示をします。

「ペアでじゃんけんをしましょう。勝った人は、●●（教師が説明をしたこと）について、30秒で説明してください。負けた人は、□□について、30秒で説明してください」

こうすることで相手に話すというアウトプットの場面が生まれ、子どもの記憶の定着をより図ることができます。

子どもが本当に理解できたかどうかをみるためには、教師が説明しているだけではいけません。子どもたちが自分で話す、アウトプットする、という場面を作るようにしたいものです。

さらに、前もってアウトプットする場面があることを予告してもよいでしょう。アウトプットの場面があるとわかることで、子どもたちにも負荷がかかります。その負荷があることで、真剣に話を聞こうとします。自分でメモをとろうとする子どももいるかもしれません。

このようにアウトプットの場面をつくることで、「隠れ学級崩壊」に立ち向かうことができます。

実例② 教師が発問するとき

場面

授業において、教師が発問する場面があるはずです。例えば、「この問題の答えは何ですか？」と教師が発問したとします。

その発問に対して、教室が一瞬静かになります。一瞬の間のあと、AさんとBさんが、「はいはい！」と元気に手を挙げます。そんな様子を見て、教師がAさんを指名して、Aさんは問題の答えを説明します。

「はい、正解！」そんな教師の声を聞いて、Aさんは満足気な表情をします。そして、Aさんの説明のあと、黒板に答えを書いて、教師がさらに追説明をしていきます。

説明が終わったら「わからないことはないですか」と聞きますが、どの子どもも何も答えません。教師はその様子を見て、次の活動に進んでいきました。

子どもの様子

先ほどの場面、AさんとBさん以外の子どもの様子はどうだったでしょうか。

実は、クラスの他の子どもたちは、指名されないように教師と目線を合わせないようにしていました。

Aさんが指名されて、ホッと安心。多くの子どもは、Aさんの説明をなんとなく聞きます。ちゃんと理解をしているわけではありません。

そして前に書かれた答えをノートに黙々と書いていました。

「わからないことはない？」という教師の声かけにも応じず、次の問題に進むのをジッと待っていました。

どうやら、この様子は、今回の授業だけではないようです。普段の授業でも、子どもが自ら発言することはありません。教師に指名されたときにだけ、

答えるくらいです。

このように、子どもたちが教師の発問に応じずに、ジッと待っているという様子は、「隠れ学級崩壊」の一つと言えるでしょう。

よく答えてくれる子どもがいると、その子どもの声を拾うだけで、授業がうまく進んでいるように見えてしまうという側面もあります。

問題の要因

なぜ、こうなってしまうのでしょうか。要因は3つあります。

1つ目は、問いが一問一答だからです。テレビの番組で例えるならば、クイズ番組かワイドショーか、という違いです。クイズ番組では答えが一つだけです。そのため、正解か不正解かがはっきりとしてしまいます。

一方で、ワイドショーならばどうでしょうか。「これが正解！」というものはありません。出演者が思い思いに自分の考えを述べていきます。いろいろな考えも生まれることで、違いが明確になり、番組がおもしろくなります。

答えが一つかどうか、いろいろな考えが生まれるかどうか、など、問いの在り方一つで子どもの学びが変わっていきます。

2つ目は、発表することへのハードルが高いことです。よく、「授業で子どもたちが手を挙げない、困った」という教師がいますが、果たしてそうでしょうか。

私たち大人もそうですが、大人数の前で話をするとなると緊張することがあります。周りの人が見ている中で、自分が発言していいのだろうかと、気にして、不安にもなります。緊張や不安な気持ちから、なかなか手も挙げられません。そのため、クラス全員の前で、手を挙げて発言をするということはかなり勇気のいることだと認識しておきたいものです。

3つ目は、失敗できない、間違いが許されない関係性です。自分が間違っている、失敗してしまったということを周りの人に知られてしまうことについてどう思うでしょうか。これは私たち大人も恥ずかしさなどを感じてしまうはずです。失敗を受け入れて前向きに捉えていくことができる場面は、まだまだ少ないはずです。

学校、教室も同じようになっている可能性があります。だから、どの子どもも、失敗するのが怖くて、自分から手を挙げることができていないようです。

解決するために

では、どうしていけばいいでしょうか。この場面でできる解決策として3つのことを紹介します。

1つ目は、いろいろな考えが生まれる問いにすることです。算数の問題を例にしてみます。

次の問題の答えは何でしょうか。

3＋7＝□

おそらく、10！とすぐに答えることができるはずです。しかし、みんなが同じ答えになってしまいます。それでは、一問一答のクイズ番組にしかなりません。では、次のようにしてみるとどうでしょうか。

□＋▲＝10

こうしてみると、いろいろな考え、答えが生まれませんか。3と7でも5と5でも少数や分数でもマイナスでも答えになります。まるで、ワイドショーのようにたくさんの考えが生まれます。

このような問題だと、子どもは自分なりの考えを持つことができ、安心して学ぶことができます。

2つ目は、答えでなく、途中のプロセスを問うことです。「この問題の答えは何？」と発問すると、基本的には一つの考えしか出てきません。一方で「どうやって考えたのか？」「なぜそうなったの？」ときくと、子どもは自分の考えを自分の言葉で伝えることができます。

「What」ももちろん大切ですが、「How」「Why」を子どもが考えることができるようにしていきましょう。

3つ目は、まずはペアやグループで共有することです。

例えば、先ほどの「わからないことはないですか？」と全体に尋ねる場面です。クラス全員の前で、「わかりません」ということはなかなか勇気がいることです。そこで、次のようにしてみます。

「わからないことはないですか。時間をとりますので、ペアやグループでわからないことを聞き合ってみてください」

こうすることで、お互いにわからないことを共有することができます。

その間、教師が机間指導をして、子どもの学習の状況を把握します。もし、困っている子どもがいたら、その子どもを指名して発表してもらいます。あるいは、「○○に困っている仲間がいました」と全体で教師が紹介することも可能です。

いきなり全体、ではなくペアやグループでの共有を挟むことを大事にしましょう。段階を踏むことで子どもたちは少しずつ「わからない」を言えるようになっていきます。

実例③　子どもが問題を考えている（課題に取り組んでいる）とき

場面

子どもたちが問題を考えていたり、課題に取り組んでいたりするときの様子です。

教師が提示した問題に対して、どの子どももしっかりと考えているように見えます。席を立ったり、私語をしたりする子どもはいません。

ノートにしっかりと書いている子どももいるようです。

子どもたちの様子

子どもたちは、確かに鉛筆（ペン）を持って、ノートに考えを書いているように見えました。しかし、教科書を開くことも、端末を使って調べることも、誰かと相談したりすることもなく、黙々と学んでいました。

実は、教師が、「今から5分間、自分一人で考えましょう」と指示していました。その指示を受けて、一人で考えることができる子どもは、自分の考えをノートにすらすらと書いています。

しかし、困っている子どももいます。自分だけで考えることができない子どもは、教科書を見ることもできず、端末で調べることもできず、仲間に聞くこともできず、ずっと黙って座っているだけになっていました。

そのような子どもにとって、この5分間はただ静かに待つだけの時間となっていました。

問題の要因

このような姿になってしまう要因として、次の2つが考えられます。

1つ目は、課題の設定です。どの子どもも学びたいと思えるような内容、レベルになっているのかどうか、という視点を持つようにしたいものです。

今回の場面では、とても難しい課題を設定していたようです。難しい課題に対して、一人で考えることができない子どもは困ってしまい、学ぶことができずにいました。

2つ目は、学ぶときの選択肢が足りていないことです。この問題に取り組む前に、教師が次のように指示をしていました。

「教科書や端末を片付けましょう」

このような指示を受けた子どもはノートだけを机上に出していました。すると、使えるものは自分の頭だけになっています。

問題や課題に対して、必要な知識を身につけている子どもの場合は、一人でも考えることができるでしょう。

一方で、なかなか自分で考えることができないような子どもにとってはどうでしょうか。考えるための知識が不足しており、自分だけで考えようとしても難しいのかもしれません。

解決するために

では、どうしていけばいいでしょうか。この場面でできる解決策として2つのことを紹介します。

1つ目は、学びの選択肢をたくさん用意することです。例えば、先ほどの場面で、「問題を考えるときに、教科書もノートも見ていいですよ」と指示をしておくことで、どの子どもも困ったときはいろいろな学びの選択肢から選んで、学習することができます。

今ならば「端末で調べてもいいよ」とすることで、端末でインターネット検索などをして、必要な情報を得る子どもも出てきます。

他にも「困ったときは、こっそりと友達に聞いてもいいよ」とすることも可能です。そうすることで、わからないときに仲間に聞くような子どもも出てきます。

そうすることで、子どもが問題を考えるときに、どの選択肢も活用できます。自分で考えてもいいし、友達に聞いてもいいし、教科書を見てもいい。そして端末も使ってもいい。

たくさんの選択肢があるからこそ、自分で学び方を決定でき、学びがより自分事になっていきます。このように生徒が自己決定をする場面をどうつくっていくか、がポイントです。

2つ目は、課題の質を上げることです。例えば、資料を参考に自分なりの考えを述べるような課題にすれば、今持っている知識の勝負ではなくなります。

また、身の回りとつながる課題にすることで、子どもの知的好奇心（「もっと知りたい」という気持ち）を引き出すことになります。

以前、高等学校の数学の授業でバリアフリーについて考えたことがありました。その授業は、家庭科の授業でバリアフリーの内容を見たことから生まれました。次のような問題です。

車椅子に乗った人が、自分で登ることのできる傾斜は約5度と言われています。今、5センチの段差があります。この段差を超えるために必要なスロープの全長は何センチになるでしょうか。

このような問題を、三角比の単元で提案してみました。問題を提示するときは、「今日はバリアフリーについて考えてみよう」とだけ言います。すると子どもたちは「え〜、数学でバリアフリー⁉」と驚いていました。そして驚きながらも、いつもよりも集中して問題を考えていた姿がとても印象的でした。

このように課題の質を上げることで、どの子どもも自分で学ぼうとするはずです。

実例④ 子どもがグループで問題を考えているとき

場面

子どもたちが3、4人のグループで学習をしています。みんなで協力して、改題を解決しようとしているようです。

ワイワイガヤガヤ。

大きな声も聞こえ、ときには笑顔も見えます。子どもたちは活発に話し合っており、どの子どもも楽しそうな顔をしています。子どもたちが話し合っている様子を見て、教師もうれしそうにしています。

子どもたちの様子

子どもたちは、確かに活発に話をしていました。しかし、よく子どもたちの様子を見ると、授業と関係ないことを話している子どももいるようでした。

また、全員が話しているわけではなく、話をせずに静かに座っているような子どももいます。自分で考えようとしている子どもにとっては、周りの仲間が大きな声で関係ないことを話していることで邪魔になっているようです。

このような姿になってしまう要因として、次の3つが考えられます。

問題の要因

1つ目として、課題の難易度です。例えば、子どもたちにとって簡単すぎる問題だと、問題の答えが早く出てしまい、時間を持て余してしまいます。

逆に問題の難易度が高すぎるとどうでしょうか。難しいからもういいやと諦めてしまう子どももでてきます。

簡単すぎても、難易度が高すぎても、子どもたちの学びの充実にはつながっていきません。

2つ目は、話し合うのが目的になることです。話し合うことを通して、お互いに学びを深める場面ならば、子ども同士がしっかりと意見交換できるようにするといいでしょう。しかし、話し合うことは手段であり、子ども一人ひとりの学びを深めるためにグループで学習するはずです。

授業で話し合うという活動をやみくもに取り入れるのではなく、何のために行うのか、その目的を明確にしたいものです。

3つ目は、教師の支援が足りないことです。グループで学習をしているときに、教師が何もしないということがあるかもしれません。教師からの支援がなく、放任してしまっていることで、子どもはどんどん学びから離れていきます。

グループで学ぶときにこそ、教師の支援が大切になるはずです。

解決するために

では、どうすればいいでしょうか。この場面でできる解決策として2つのことを大事にしてみます。

1つ目は、子どもの知的好奇心を呼び起こすことです。

本来、どの子どもも「知的好奇心」を持っています。その好奇心を刺激できるように、問題を工夫します。例えば、身の回りの具体例をもとに考えることです。以前、数学の授業で、ディズニーランドの待ち時間を分析しました。どの子どもも夢中になって問題を考えている姿が印象的でした。

子どもが「やってみたい！」と思える内容にして、課題のレベルを工夫することです。ちょっと背伸びをすればできるような、仲間といっしょなら挑戦できるような、そんな課題にして、子どもの知的好奇心をくすぐりたいものです。

2つ目は、子どもの話を聞くことです。子どもたちの様子を遠くからを見ているだけでは、ただ話し合いをしているだけ、といったように思えます。しかし、子どもたちの近くに行き、どんな話をしているのか、耳をすませば内容まで把握できます。

子どもたちの話を聞くことで、どんな支援が必要か見えてきます。特に、授業と関係のない話をしていたならば、さらに近くに行くことです。教師の存在に気づいて、学びに向かうようになるかもしれません。

それでもうまくいかないときは、「今、授業に必要な話をしていますか」などと声をかけることで、子どもの学びを軌道修正することが可能です。

実例⑤ 教師が机間指導をしているとき

場面

教師が机間指導をしています。子どもたちが問題を考えている様子を丁寧に見てまわっています。

困っている、わかっていない、あるいは間違っている子どもを見つけると、すぐに隣に行って、「こうしたらいいよ」と教えています。子どもは、教師に言われた通りに、ノートに書いています。

子どもたちの様子

子どもたちの様子はどうでしょうか。子どもの隣に立った先生の指示を聞いて、言われるがままにノートに書いているだけでした。さらに、子どもが自分で考えようとしていたところに、教師がやってきたため、自分で考えることができていませんでした。

他にも計算間違いしていた子どもは、「ここが違うよ。正解はこれだよ」と教師に伝えられて、「そうか」と正しい答えを書いているだけになっています。

どのような子どもに対しても、教師が、考え方や手順、答えを手取り足取り教えています。そのため、子どもが自分で考えることの楽しさ、奥深さを実感できないでいるようでした。

問題の要因

このような姿になってしまう要因として、次の2つが考えられます。

1つ目は、教師の指導観です。

先ほどの場面では、「教師がしっかりと教えないといけない」という思いを持っていることがよくわかります。そのため、教師がたくさん説明して、子どもがわかるようにしています。

もちろん、教師が教えること、教師による説明の場面も大事です。しかし、教えることが本当に必要かどうか、子どもが自分で考えることができるのではないかと、見極めることも必要になるのではないでしょうか。

2つ目は、子どもへの信頼感のなさです。

子どもたちに対して「教えないといけない」と思ってしまうということは、教師が子どもの可能性や力を信じていないとも言えるのではないでしょうか。

確かに、どうしても教師の支援が必要な場合もあります。子どもだけではできないこともたくさんあります。

しかし、子どもが自分でやろうと動き出し、そのチャレンジに教師が伴走することも目指していきたいものです。

解決するために

では、どうすればいいでしょうか。この場面でできる解決策として、机間指導のときの教師の考え方を変えるために2つのことを大事にしたいものです。

1つ目に、子ども同士をつなげることです。机間指導の際は、まず子どもたちがどんな考えをしているのか、と子どもの学びの状況を把握していくはずです。

例えば、4人グループの中で、AさんとBさんが違う考え方をしているのを発見したとします。そのときは、

「あれ？　AさんとBさん、考え方が違うね」

とつぶやくような声でそっと話しかけます。

このように声をかけることで、Aさんと B さんだけでなく、グループの他の子どもも自分の考えと仲間の考えを比べて、さらに思考を深めていくことができます。

この視点を持つと、机間指導が間違い探しではなく、宝物探しになっていきます。

2つ目には、待つことです。子どもが惜しい間違いをしていていることを発見することもあると思います。この場面で、「ここが間違っているよ」と教師が説明をすることももちろんできます。しかし、そう言いたい気持ちをグッと抑えて我慢して、子どもが自分で間違いに気づけるように待ってみます。

しかし、何もせずに待つのは不安にもなります。そこで、他の子どもの考えや答えを紹介するなどの方法で、考えるきっかけを与えてから待つようにします。

そうして待っていると、「あ、そうか！」と子どもが自分で気づく瞬間が生まれます。その瞬間をどう演出するかです。教師がたくさん教えても、子どもは自分で気づいた喜びを実感できません。

子どもが気づく場面を演出し、後は待つことも教師の大事な役割ではないでしょうか。

実例⑥ 教師が子どもを指名するとき

場面

授業で、教師が発問した（問題を提示した）後のようです。問題の答えを答えてもらおうとして、どの子どもに指名するのか教師が考えています。

そのときに、時計の秒針やくじ引きをもとに出席番号からどの子どもに答えてもらうか考えています。教師はテンションを高くして、子どもたちを盛り上げています。

子どもたちの様子

子どもたちの様子はどうでしょうか。「誰が当たる？」と楽しみにして、盛り上がっている子どももいます。

しかし、下を向いて座っている子どももいます。どうやら、自分の出席番号が呼ばれないことを祈っていたようでした。

そして、自分の出席番号が呼ばれてしまったら、とても落胆した表情で、立ち上がります。周りの子どもたちの盛り上がりとは大違いです。

問題の要因

確かに、あるデジタル教科書には、ランダムで数字を表示させる機能もあります。ICTを活用して、ゲーム感覚での指名もできます。このようにランダムに指名することで、緊張感が生まれるというメリットもあることは確かです。

しかし、先ほどのような子どもの姿になってしまう要因として、2つのことが考えられます。

1つ目は、子どもの姿がしっかりと見えていないことです。ランダムに指名することで、教室がクイズ番組のように盛り上がっており、どの子どもも楽しく学ぼうとしているようにも見えます。

しかし、それはすべての子どもではありません。下を向いている子どもの姿が見えていれば、この方法だけではいけないと気づくことができます。

それができていないということは、子どもが何に困っていて、何を求めているのかが見ていないことがわかります。

2つ目は、単元や授業のねらい（ゴール）が明確になっていないことです。「単元、授業を通して、子どもたちにこんな力がついてほしい」とねらい（ゴール）を明確にすることがとても大切です。

しかし、授業のねらいにせまるためには、ランダムでの指名を繰り返しているだけではいけません。どの子どもを指名し考えを共有すればよいかと考えることで、授業のねらいにせまることができます。

解決するために

授業での学びを深めていく、そして子どもたちに力をつけるためには、指名に明確な意図を持ちたいものです。いくつかの具体的な指名とその意図について、いっしょに考えてみましょう。

例えば、次の指名にはどんな意図があるのでしょうか。

・授業の導入で前時の復習をするときに、前回の授業を欠席していた子どもを指名していっしょに考えてもらう。

この場合は、前回の授業を休んでいた子どもを、最初からしっかりと授業に巻き込みたいという意図が含まれています。前回の授業を欠席していた子どもはとても不安を持っているはずです。授業の最初に指名して、いっしょに考えることで不安を解消するというねらいがあります。

では、次はどうでしょうか。

・答えに辿り着いていない子どもを指名して、考えを途中まで発表してもらう。指名された子どもは、「ここまでわかった、ここからわからない」と言う。

大抵の場合、指名された子どもが自分の考えを述べるだけで、周りの子どももこれが正解だと思っています。つまり、「指名されての発表＝わかったことの共有」になっています。それでは、わかった子どもだけが活躍する授業になっていきます。

そこで、周りの「ここからわからない」という思いを共有できるような指名にします。すると、子どもも「同じところで困っていた」と安心して学ぶことができる教室、集団になっていきます。

他にも、このような指名の方法もあります。

・考えが違う2人の子どもを指名して、同時に発表してもらう。

ここでは、考えが違う子どもたちに発表してもらうことで、「え？　そんな考え方もできるんだ」と周りの子どもも立ち止まって考えることができます。

考えが違うというギャップを活かして、他の子どもの学びを深めていきます。他にも、間違った答えを書いていた子どもを指名して、全体で共有してもらうことも可能です。

間違いでも気にせずに自分の思いを共有できる子どもであることが前提になりますが、誤答から他の子どもも学ぶ機会をつくることができます。

このような、意図的・効果的な指名をするにあたり、大前提となることがあります。それは、子どもの学びの状況を適切に把握、理解することです。

子どもの学びがしっかりと見えているからこそ、意図を持った指名ができます。そして意図的な指名によって、効果的に子どもの考えを共有でき、授業のねらいによりせまることができます。

実例⑦ 子どもが自分の考えを発表しているとき

場面

一人の子どもが、教室の前に立って自分の考えを発表しています。

電子黒板（スクリーン）には、子どもが端末でつくったスライドが表示されています。スライドを活用しながら、子どもは自分の考えを説明します。

教師も隣に立って、発表している様子を見守っています。

子どもたちの様子

一見、発表を聞いているように思える子どもたち。実は、多くの子どもは発表を聞いていません。つまらなさそうに下を向いていたり、ぼーっとしたりしている子どももいます。

さらに、自分の端末の画面を見ている子どももいました。電子黒板で写しているスライドと同じものが、子どもそれぞれの端末でも見える状況でした。

子どもの発表も、スライドに書いている通りにそのまま話しているばかりです。発表が終わった後は、教師が後から説明を追加しています。

しかも、この子どもは4人目の発表者であり、同じような発表がずっと続いていたようでした。

問題の要因

このような姿になってしまう要因として、次の3つが考えられます。

1つ目は、課題の中身です。子ども一人ひとりが自分なりの考えを持つことができる訳ではなく、同じ発表しか生まれないような課題設定を見つめ直す必要があるのではないでしょうか。

同じ発表がずっと続いてしまうと、子どもはどんどん話を聞かなくなっていきます。

2つ目は、発表することがゴールとなっていることです。発表をすることだけが、授業のゴールではありません。授業のねらいにせまること、そして、子どもの力をつけることが授業の本来のゴールのはずです。

発表することがゴールになってしまっているため、発表が無事に終わり、教師も満足してしまっています。

3つ目は、時間の間延びです。教師による追説明があることで、余計に時間がかかってしまっています。子どもの発表が十分であり、聞いている子どももしっかり理解していたならば、あえて教師が何も言わないことも必要になります。

解決するために

では、どうしていけばいいでしょうか。この場面でできる解決策として3つのことを大事にしてはどうでしょうか。

1つ目は、いろいろな考えが生まれる課題にすることです。子どもそれぞれに違う考えを持つからこそ、お互いに発表を聞きたくなります。

同じ答えだけでなく、多様な考えが生まれる課題にすることで、発表する意味が生まれます。

2つ目は、発表会ではなく、質問会にすることです。端末でまとめたものを発表するだけではなく、クラウドを活用してお互いに提出したものを事前に見て、わからないことや疑問をぶつけ合う時間にしてはどうでしょうか。

そうすると、仲間の考えを知りたくなりますし、自分のものとも比較したくなります。

質問を考えるためには、発表をよく理解する必要があり、質問ができるということは、よく理解できたということにつながります。

特に、端末があるからこそ、お互いの資料をすぐに共有できます。事前に共有することで、質問を考える時間も生まれます。さらには、端末とクラウド環境を活用して、お互いにコメントをし合うことだって可能になります。

3つ目は、子どもの様子をよく見ることです。そうすることで、教師の予定通りをやめることができます。

例えば、子どもが発表を聞いてないな、学んでないな、と思ったら、すぐに止める勇気を持つことです。子どもの学びが見えるからこそ、その後の対応を考えることができるようになります。

実例⑧ 子どもが端末を使って学習しようとしているとき

場面

子どもたちの机の上には、端末が置いてあります。そして、教師が端末の操作方法を子どもたちに説明しています。

事前に作成したであろう、プレゼンテーションソフトのスライドを使って、とても丁寧に、一つ一つわかりやすく説明をしています。

子どもたちはみんな端末を開いています。そして、教師の指示に従って、操作をしているように見えます。

子どもたちの様子

よく見ると、多くの子どもは教師の説明を聞いていません。教師が良かれと思い、端末の操作方法を説明していました。しかし、その説明がなくとも、子どもは端末を使えるようです。本当は自分のペースで端末をどんどん活用していきたいのにも関わらず、教師の説明を聞かないといけません。そのため、手持ち無沙汰になってしまっています。

一方で、本当に困っている子どもは、どうでしょうか。周りの仲間に相談することもできずに、ずっと困ったままになっています。

このように、端末を使う場面でも、「隠れ学級崩壊」と言えることがあります。

問題の要因

このような姿になってしまう原因として、次の2つが考えられます。

1つ目は、教師の考え方です。特にGIGAスクール構想が始まってすぐのころ、教室で次のような指示をよく聞きました。

「では、今からパソコンを出しましょう」
「電源を入れたら、ログインしましょう。全員ができるまでまっています」
「ログインできたら、○○というアプリを立ち上げましょう」

このように、教師の一斉指導のもとで、端末の操作が進んでいました。確かに教師の指示のもとスモールステップで、端末活用をしていくことも大事になります。

例えば、対象の子どもが初めて端末や特定のソフト・アプリを使うようなこともあります。その場合は、教師が一つ一つスモールステップで説明していくこと、みんなで操作を確認しながら足並みを揃えていくことも大事になります。

しかし、そのようなことを続けていて、自分で考えて行動できる子どもが育つでしょうか。教師の説明、指示など、与えられることに慣れた子どもは、どんどん教師の指示を待つようになってしまいます。

2つ目は、子どもへの信頼感のなさです。子どもたちはたくさんの可能性を持っています。端末の操作だってそうです。教師よりも早い成長スピードで、どんどん端末を活用できるようになるはずです。

そんな子どもたちを見て、自分が教えなければいけない、自分が子どもよりできないといけない、と思う教師は活用場面を制限してしまいます。

子どもを信頼し、尊敬していれば、逆の発想になるのではないでしょうか。もっと子どもたちが自分でできるようにしよう、説明の方法や手順を変えてみよう、と次の手立てを考えるようになるはずです。

解決するために

では、どうすればいいでしょうか。この場面でできる解決策として2つのことを大事にしたいものです。

1つ目は、スモールステップで教師が説明する代わりに、子ども同士をつなげることです。特に、教師自身がＩＣＴスキルに不安を持っていても大丈夫です。端末の活用場面こそ、子どもたち同士が助け合うようにしていきたいものです。

例えばクラスの中に、端末の操作が苦手なＡさんがいたとします。Ａさんのために、クラス全体に対して、より丁寧に、よりわかりやすく説明することも可能です。しかしそれでは、他の子どもが待つことになってしまう可能性もあります。

だからこそ、この場面で、子ども同士が助け合うことができるようします。教師が簡単に説明をした。しかし、Ａさんは困っている。そんなときに、教師が助けるだけでなく、他の子どもの助けを借ります。困っている友達がいたら、すぐに動いてくれる子どもがクラスの中にきっといるはずです。

そのような子どもは端末の操作もとても得意です。教師よりもわかりやすく教えることができ、Ａさんもきっとできるようになるでしょう。そのときのＡさんの「ありがとう」という笑顔、教えた子どもの誇らしげな顔が思い浮かんできませんか。

子ども同士で助け合う場面の積み重ねによって、Ａさんが「これどうするの？　ねぇ、教えて」と自分から助けを求めるようになっていきます。困っている子どもから発信すると、周りの仲間もどんどん助けてくれるようになります。

ＩＣＴスキルをきっかけとして、助け合える集団が育っていきます。そして、これまで以上にたくさんの子どもが輝くことができるでしょう。

２つ目は、子どものことをもっと信じることです。今の子どもたちは、デジタルネイティブとも言われ、生まれたときから、ＩＣＴ機器やインターネット環境などが身近にある世代です。

いろいろな学校で授業を見学していると、子どもたちは端末をすぐに活用できるようになるのがわかります。やはり子どもたちの力は、本当にすばらしいです。

そのような子どもたちの成長を見ていても、元々の資質や能力に大きな差があるとは感じられません。


ではなぜ、子どもたちのＩＣＴスキルに差が生まれてしまうのでしょうか。それは、子どもたちを取り巻く環境の差が原因だと考えられます。


例えば、自宅にいつでも使えるパソコンがあったかどうか、自分専用のスマートフォンを持っていたかどうか、などの環境です。

このような、子どもたちが育った環境の違いが、現状のＩＣＴスキルの差に直結しています。その差を埋めていくための場が、学校ではないでしょうか。

端末を活用できる環境をつくることで、子どもたちの持つ能力を最大限に発揮していきたいものです。

実例⑨　教師が宿題を回収するとき

場面

教室で、宿題として提示したノートを回収しているようです。子どもたちは、自分のノートを提出しています。

教師は回収したノートをこれから確認するようです。

子どもたちの様子

授業でノートを回収している少し前の時間に戻ってみましょう。

授業前の休み時間の様子を見ると、急いで答えを書き写しているだけの子どももいました。さらには、前日の夜に、家庭で答えを急いで写している子どももいました。

教師が課した宿題というノルマを、子どもたちはただこなすだけになっていたようです。子どもたちが主体的に学び、そして家庭学習を通して力をつけるということにつながっていません。

問題の要因

実は、多くの教科でたくさんの宿題が出ており、子どもが主体的に学べる状況にはなっていないようです。このような状況になってしまう要因として、2つのことが考えられます。

1つ目は、子どもの力を信じていないことです。宿題をたくさん出している学校の先生は、「うちの子どもたちは学習習慣がありません。だからせめて、たくさんの宿題を出して、学習するようにしています」と言うことが多いです。

確かに、学習習慣のない子どもが自分で学ぶことは難しいかもしれません。しかし、宿題を回収して終わり、では、子どもの主体性を育むことはできないのではないでしょうか。

2つ目は、授業の在り方が変わっていないことです。授業が変わっていないため、子どもたちの学びの姿も変わっていません。子どもの学びは授業と家庭学習でつながります。

特に、授業でインプットして、家庭学習で数をこなして定着するといった学習観を変えていく必要があるでしょう。

解決するために

子どもたちが「やってみたい」と思える家庭学習にするために、2つの方法を紹介します。

1つ目は、あえてモヤモヤ感を残す方法です。テレビ番組を観ていると、「え～、ここでCM⁉」と絶妙のタイミングでCMが流れることがあります。「衝撃の事実は……」などと興味をひいて、CMがスタートします。すると、続きが気になって他のチャンネルに変えられません。

実はここには、ツァイガルニク効果（人は達成できた事柄よりも、達成できなかった事柄や中断していた事柄を強く覚えていること）が活用されています。このツァイガルニク効果を家庭学習にも活用できないでしょうか。

例えば、次のような手順です。

①授業で問題の答えをあえて言わずに、わからないことを残して終わる。
（毎時間ではなく、ここだというポイントで）
②端末とクラウドを活用して、子どもが自分でわからないことについて考えて、考えたことをまとめて提出できる環境を整える。
（提出することを強制するのではなく、あくまで主体的に取り組ませる）
③次の授業の導入で、取り組んできた子どもの考えを紹介する。
（前時と本時、家庭と教室をつなげていくイメージで）

あえて答えを言わずに終わることで、主体的な学びを引き出すことができます。

2つ目は、自学ノートをつくることです。先ほど紹介したツァイガルニク効果を活かすために、授業用のノートとは別に、自学ノート（デジタルでも可）を用意するようにしていきます。自学ノートを作るメリットは、次のようなことです。

・1日1ページと決めるなど、子どもが自分のペースで学習に取り組める。（計画）

・ノートに自分の学習履歴が残っていくため、子どもが自分で取り組んだことを振り返りやすくなる。（振り返り）

このような計画と振り返りのサイクルで、主体的な学びを生みます。また、自学ノートでは、自分で内容を決めて学ぶことができます。例えば、次のような子どもがいるはずです。

・授業の予習としてまとめる子ども
・教科書の問題を解いて復習する子ども
・自分で問題をつくって学ぶ子ども
・自分で調べてレポートをつくる子ども

子どもたちは自学ノートについてこう言っていました。

「授業中に理解できなかったことを家で教科書を見ながら理解して、自分のわかりやすい方法を発見できた」

「家庭学習では、自分のペースで自分に合った学習ができました」

このように、子どもの学び方はとても多様になります。そして、子どもが自分に合った学習方法を見つけることにもなります。こうして授業と家庭での学びがつながります。

第3章 発展編

「隠れ学級崩壊」を未然に防ぐ

第2章では、「隠れ学級崩壊」と考えられる具体的な授業の場面について紹介しました。いろいろな場面に、「隠れ学級崩壊」が潜んでいる可能性が考えられます。

そんな「隠れ学級崩壊」を未然に防ぐにはどうすればいいでしょうか。

学校生活の中で、子どもたちが一番多くの時間を過ごしていることは何でしょう。休み時間でも、学級活動でもありません。やはり、授業です。「隠れ学級崩壊」を未然に防ぐためにも、よりよい授業づくりを目指すこと、これが何より欠かせません。

特に、授業を通して、子どもたちみんなが育つ集団づくりをすることが、大事になります。例えば、『生徒指導提要（改訂版）』には、集団づくりのポイントとして次のようなことが挙げられています。

①安心して生活できる
②個性を発揮できる
③自己決定の機会を持てる

④集団に貢献できる役割を持てる
⑤達成感・成就感を持つことができる
⑥集団での存在感を実感できる
⑦他の児童生徒と好ましい人間関係を築ける
⑧自己肯定感・自己有用感を培うことができる
⑨自己実現の喜びを味わうことができる

いずれのポイントについても、学校の1丁目1番地である授業の中で、大事にしていきたいものです。

第3章では、そんな授業づくりで大切にしたいことを紹介していきます。私が実践して学んだこと、他の先生の実践から学んだことなどを、それぞれのテーマに分けて書いています。

では、よりよい授業づくりについて、いっしょに考えていきましょう。

子どもが育つ環境をつくる

お昼時、ランチを食べようと思い、オシャレな洋食屋さんに入ったときのことです。

「あ、ハンバーグおいしそうだな。エビフライもいいな。やはり、オムライスかな」

ランチメニューの種類の充実ぶりについつい悩んでしまいました。私は、昔から優柔不断な性格です。選ぶのに時間がかかってしまうこともしばしば……。

それでも、これは本当に幸せな悩みです。いろいろなメニューから「自分で選ぶ」ことが楽しく、そして食事も満足して終えることができます。自分でメニューを選べるバイキング（食べ放題）が人気になるのも納得です。「あなたはハンバーグを食べてください」と他人に決められたら、同じように満足できるでしょうか？

相手に選択肢を提示し、自分で決めてもらう。これは授業づくりでも、同じく大事になることです。

「子どもたちは自分で選べるのだろうか。自分で決めるのは難しいのではないか」

そんなことを考え、不安になるかもしれません。私もそう思っていたことがありました。しかし、ある姿を見て、その思いは間違いであったことに気づきました。それは、幼稚園の運動遊びについてです。

幼稚園の運動遊びの様子を見たことがありますか？ そもそも、幼児教育では、授業ではなく、遊びというようです。以前、ある幼稚園を参観したとき、とても驚きました。

「みてみて〜。さかあがりができるようになったよ〜！」
「ほら、次はフラフープ！」

自分で遊ぶものを見つけて、挑戦して、失敗もしながら、段々とできるようになって……。一人で、ときには仲間といっしょに、いろんな場面で遊びを満喫していました。どの園児も夢中になって遊んでいます。

そんな園児たちの姿を見ていたときのことです。「おや、何か書いてあるな」と園内のある掲示物を発見しました。園庭にある鉄棒の周辺です。よく見てみると、掲示物には、鉄棒の技の名前とイラストが描かれていました。

園児はこの掲示物を参考にして、遊びながら運動のスキルを身に付けていきます。鉄棒に関するものだけではありません。フラフープやボールを使ったものなど、いろいろな遊び方が示されています。

この幼稚園では、園児たちが運動遊びに夢中になるような環境を構成することを大事にしていると聞きました。遊び方を例示して（遊びの環境を構成して）、どのように遊ぶかは園児たちに委ねます。するとどうでしょうか。先ほども紹介したように、園児たちは運動遊びにより夢中になっていきます。自分で遊び方を選んでいるからです。自己決定により、遊びが「自分事」になります。

運動遊びと同じように、子どもたちも「自分事」として夢中になって学べないでしょうか。夢中になっていた表情、そのときのワクワクはいくつになっても変わりません。時間を忘れて、思いきり没頭できるような学びを味わってほしいものです。

そんな学びの環境をまずは整え、環境をつくっていくことです。

●「何のために」を考える

学びの環境づくりとともに、育てたい子どもの姿を考えることを大事にしたいものです。特に、GIGAスクール構想が始まり、端末も活用できるようになったからこそ、なおさらです。今までのプリントの代わりに、端末を活用して学習できるようになりました。板書だって、電子黒板やプレゼンテーションソフトを使って代用できます。

授業の選択肢が増えたからこそ、今まで以上に教師も悩むことになるかもしれません。では教師は、何を大事にすればいいのでしょうか。

旅行を例に考えてみます。どこか遠くへ旅行するとき、みなさんはどんな手段を使うでしょうか。飛行機、新幹線、車、バス、船……。いろいろな手段がありますよね。

こんなとき、「東京」と目的地が決まっていれば、どの手段で行くのがよいか、それぞれを比較して考えることができます。目的地を決めるより先に「車で行こうか、新幹線で行こうか」と考えても、イメージが湧きづらいですよね。

これは授業づくりでも同じです。とりあえずグループで学習しよう、何となく端末を使ってみよう、闇雲に授業をすればいいという訳ではありません。これまで以上に、「目的（何のために？）」を考えていきたいものです。

授業を例にするならば、子どもにどんな力をつけたいか、どんな子どもに育ってほしいか、それを考えることから始めてはどうでしょうか。

私の場合は、育てたい子どもの姿を次のように考えていました。

・わからなさと向き合い、他者と協働しながら生涯学び続ける子ども
・物事の本質を捉え、思考の過程を楽しむことができる子ども

そして、ゴールが決まったので、授業の方法として、次のようなことにチャレンジしました。

①子どもを信じて委ねることで、授業の中心を思考の過程（わからなさ）とする。
②子どもが自分の考えや思いを自由に表現できるように、授業の展開や課題を工夫する。
③子どものつまずきや困りごとに寄り添って、理解や共有し、子どもの考えをつなげる。

育てたい子どもの姿が明確だからこそ、どんな授業をすればいいかが見えてきます。
これは、端末の活用場面でも同じです。以前、見学したある中学校の英語の授業のことを紹介します。授業者の先生は、次のような想いを持っていました。

「自分の言葉で相手に思いを伝えられるようになってほしい」

このようなゴールがあるからこそ、授業ではいろいろな手段を使うことができます。実際の授業では、子どもたちは、次の方法で自分の考えを伝えていました。

・プレゼンテーションソフトを使って、自分の考えを説明する。
・プリントに図などを使って考えをまとめて説明する。
・ノートに自分の言葉でまとめて、説明する。

端末を活用することは「目的」でしょうか。それとも「手段」でしょうか。
この実践からもおわかりだと思います。自分の考えを伝えるための「手段」の一つとして、端末〝も〟活用できていました。

やはり、「どんな子どもになってほしいか」という「目的」が明確だからこそ、新しい手段（端末）の恩恵を最大限に受けることができます。授業でも私たちの仕事でも、〝何のために？〟を考えることで、いろいろな方法が見えてきます。

忙しい毎日です。ついつい目的を見失ってしまうこともあるかもしれません。私だってそうです。そんなときにこそ、ちょっと立ち止まってみましょう。そして、「これって、何のためにやっているのだろう？」と考えてみます。

〝何のために？〟が明確になると、目的地が見えてきます。すると、そこにたどり着くまでの旅路も楽しくなり、授業づくりが変わっていきます。

●失敗から学ぶこと

以前、ある先生から相談をもらいました。次のようなものです。

「GIGAスクール構想における端末の活用にあたり、授業中の使用ルールをどう決めればいいでしょうか。また、休み時間や持ち帰りの際のルールもどうすればいいか、困っています。」

この悩みをいっしょに考えてみましょう。まず、GIGAスクール構想において、大事なことは何でしょうか。

その一つが、子どもを信じて委ねることです。

以前に拝見した授業では、「今から端末を開けましょう」「今は端末を閉じましょう」と端末の活用場面を教師が指定していました。発達段階やねらいなどによって違いますが、教師によるデジタルでの一斉指導ばかりではいけません。

端末をいつ使ってもいいし、使わなくてもいい。教科書やノートと同じように、端末も活用したいものです。自分で考えてもいい、教科書を見てもいい、仲間に聞いてもいい、そして端末を使ってもいい。そんな学びの環境をつくるためには、子どもに委ねることが欠かせません。

先ほども幼稚園の運動遊びで紹介したように、子どもが学び方を自己決定することで、学習がより自分事になります。端末によって、学びの選択肢が一つ増えたイメージを持ちましょう。

そして、子どもに委ねるということは、こうすれば正解、というルールもないということです。私が訪問した学校でも、端末の使用ルールは様々でした。休み時間のルールもそうです。必ず充電保管庫に収納する学校、机やカバンの中に入れる学校、そして自由に使ってもいいとする学校。目の前の子どもによって最適なルールは違います。正解はありません。だからこそ、ルールづくりを子どもたちとともに考えていく必要があります。

ある中学校の事例を紹介します。この中学校では、まず子どもたちが自由に端末を使用することを認めていました。休み時間も自由に使用できます。そうすると、休み時間にゲームをするような子どももいたようです。

そんな中で授業中に、ゲームの音が鳴ってしまいました。当然、先生たちはその子どもに指導をします。これから端末の使用ルールをどうしようかと先生たちが考えていたときに、そのクラスの学級委員長が申し出てきました。「先生、自分たちでルールを決めてもいいですか」と。

この申し出に先生たちは喜びました。そして子どもたちを信じて、ルールづくりを委ねてみました。そこから生徒会執行部、3年生の学級委員長が中心となって、自分たちで端末の使用ルールを決めていったようです。自分たちで決めたルールだからこそ、子どもたちはルールを守ろうと思い、端末を効果的に活用できるようになります。

今回紹介した中学校でも、最初に子どもに委ねたからこそ、失敗（授業中にゲームの音がなること）が生まれました。そしてその失敗から、子どもたちが学んで自分たちでルールを考えました。

このように「失敗から学ぶこと」が欠かせません。子どもに失敗をさせるには、ある程度自由にして、子どもに委ねることが必要となります。

どうしても、子どもが失敗しないように、教師が先回りして準備して支援して、としたくなる気持ちもよくわかります。端末の使用ルールも、禁止事項として10個も20個も決めることもできます。

けれども予測困難な時代で、今後子どもたちが一切失敗をしないことは殆どありえません。だからこそ、学校で思い切り失敗する。失敗してそこから学ぶ環境を整えていくことが、教師には求められているのではないでしょうか。失敗から始まったからこそ、子どもたちが当事者となって考えることができます。

もちろん、子どもに委ねること、失敗することは勇気がいることです。一人では不安にもなります。だからこそ、失敗を共有できる仲間の存在が欠かせません。

「失敗からみんなで学ぶこと」。それは子どもも、教師も同じ。失敗を共有できるような仲間づくりをしていきたいものです。

●自分に合った方法で、自分のペースで、学ぶこと

個別最適な学びと聞くと、子どもが一人で問題を考えたり、端末を使って黙々とデジタルドリルに取り組んだりする、というイメージをお持ちの方も多いのではないでしょうか。

文部科学省『「令和の日本型学校教育」の構築を目指して〜（答申）』や苫野一徳『「学校」

をつくり直す』（河出書房新社）を参考に、私は個別最適な学びを次のように解釈しています。

個別最適な学び ＝ 子どもが自分に合った方法で、自分のペースで学び続けること

もう少し考えてみましょう。富士山を登るルートが複数あるように、目指すゴール（頂上）が決まっていれば、自分の好きな方法で進むことができます。そして、ゆっくり登るのか、急いで登るのか、体力に合わせて自分で決めることができます。

では、子どもが自分に合った方法で、自分のペースで学んでいる時間は、次のどちらでしょうか。

①教師が説明していて、子どもが聞いている時間
②子どもが自分で教科書を読んだり、端末で調べたり、友達に聞いたりしながら、問題を考えている時間

正解は、②です。①は教師のペースで進んでおり、子どもにとっては、話を聞くことし

か学ぶ方法を選ぶことができません。授業の中にいろいろな時間がある中で、子どもが自分の好きな方法で、自分のペースで学ぶ時間を増やしていきたいです。

今の授業はどうなっているでしょうか。例えば次の図のAとBのどちらでしょう。

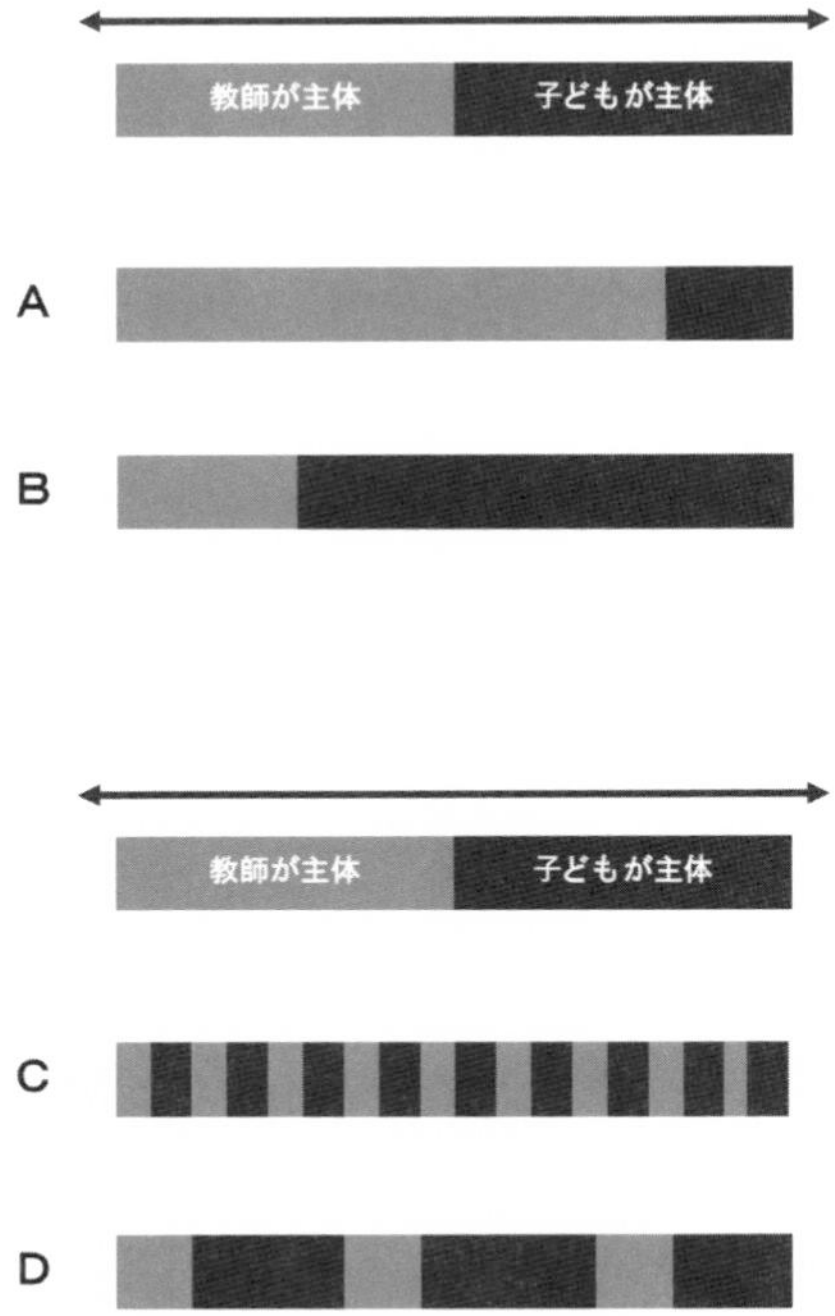

Aのように、教師が主体となる時間が増えると、その分、子どもが自分に合った方法、

自分のペースで学ぶ時間は減っていきます。では、CとDではどうでしょうか。

いくら、子どもが主体となる時間を増やしたとはいえ、その時間が細切れになっていては意味がありません。ある程度のまとまった時間があるからこそ、子どもは自分に合った方法を試行錯誤できるようになっていきます。

もちろん、単元やねらいによって、時間配分は変わってきます。それでも、子どもが自分に合った方法で、自分のペースで学ぶ時間を担保するという意味では、「教師のペースの時間をどう減らすか」がポイントになります。

そのためには、大前提として、子どもを信じて、委ねることが欠かせません。その上で、子どもが自分で選んで、自分のペースで学び続けられるように、選択肢を用意したり支援をしたりすることをしていきたいものです。

「自分のクラスの子どもは、勉強ができない」と思ってしまうと、どんどん教師が教える時間が増えてしまいます。教師が説明している時間では、多くの子どもは話を聞いてノートに書き写すだけになります。これが、「隠れ学級崩壊」につながります。

また、子どもはノートに書いているだけなので、しっかりと学んでいるようにも見えます。しかし、いざ問題を考える時間になると、教師が思っている以上に理解していないことがあります。子どもを信じて委ねてみないと、子どもが自分のペースで学び続けることができるかどうかわかりません。

子どもが自分で学んでいると、わからないことに出会います。だからこそ子どもがわからないときに、教科書を見てもいい、仲間に聞いてもいい、そして端末〝も〟活用してもいい。学びの選択肢をたくさん用意しておき、子どもはその中から自分で選べるようにしておきます。

このときに教師が助言するなどの支援ももちろん必要です。いつ、どんな支援をするかで、子どもが自分で学び続けることができるかが変わってきます。

どんな選択肢、支援があれば、子どもは自分に合った方法で、ペースで学び続けられるのか。その視点こそが、個別最適な学びの保障には欠かせません。

●個人の学びを支えるための協働

個別最適な学びとセットになるものが、協働的な学びです。この協働的な学びのイメージとして、個人的に思い浮かぶものがあります。

「ファイト〜！」
「いっぱーつ！」

昔のリポビタンDのCMをご存知でしょうか。一人では登れそうにない山も、仲間がいるから、仲間の助けを借りると登ることができる、そんなCMだと捉えています。（もちろんリポビタンDのようなドリンクがあれば助かりますが……）

レフ・ヴィゴツキーの「発達の最近接領域」によると、「一人でできないことも、大人の支援や仲間との関わりの中で、刺激を受け、学び、できるようになっていく」とあります。一人ではできないことも、大人や仲間の援助があれば、できるようになることは、協働的な学びの良さの一つではないでしょうか。

子ども一人ひとりの学びをより充実させるために、仲間の力を借ります。その方法は、「話し合う」ことだけでありません。

以前の私は、「協働学習（グループ3、4人での学習）では、子どもたちが必ず話し合わないといけない！」という思い込みを持っていました。

そのため、授業で次のような失敗をたくさんしてしまいました。

・教室や各グループが静かになってしまうと、不安になって教師が話してしまう。
・子どもたちが活発に話し合っていると安心してしまう。

今、思い返すと、グループにして子どもが話し合うことが授業のゴールになっていました。自分の考えをしっかりと伝える力を子どもにつけたいのならば、話し合う場面も大切です。しかし私の場合は、話し合うことが目的となってしまい、授業を通して子どもに力をつけることができていませんでした。

そんな中で、授業中に子どもたちの様子を見ていると、あることに気づきました。次のような子どもがいたのです。

・自分から積極的に話しかけたりはしないが、グループの他の子どもの発言をしっかりと聞いている子ども。
・同じグループの友達のノートを見て、自分の考えの参考にしている子ども。

先ほどの子どもたちは、話すことをしていません。しかし、聞くや見るといった行動を通して、仲間と協働学習をしていました。特に数学の授業では、言葉にしなくとも、友達のノートの式から学ぶことができていました。そこで私は、佐藤学氏や苫野一徳氏の著書、そしてこの子どもたちの様子を参考にして、グループ学習の方法を次のように変えてみました。

話すことは、あくまで手段と考えました。子ども一人ひとりが真摯に学びに向き合い、一人で学べなくなったときに他者を活用できるようにします。その手段は話すだけではありません。仲間のノートを見る、仲間の考えを聞くこともどんどん推奨しました。

そうして授業を続けていると、ある子どもが次のように言っていました。

「一人で黙々と考えたり、わからないところを友達に聞いたりして、数学が少しずつわかるようになった。」

この子どもが言うように、自分の考えを広げたり、深めたり、新たに気づいたり、発見したりするために、協働的な学びをより充実していきたいものです。

● 自己表現ですべての子どもの学びを支える

私は定時制高校に勤務したことがあります。数学が苦手な子どもも多くいました。そのため、「数学を何とか好きになってほしい！」という思いで、日々授業をしていました。

以前に授業を担当した子どもは、次のように言いました。

「中学のときから本当に数学が苦手で、高校でもできないと思っていた。今までは〝わからない〟でつまずいていたけれど、〝わからない〟を〝わかる〟まで学び合う授業だったから、時間がかかっても少しずつ理解ができて楽しかった」

苦手な子どもに寄り添うために、授業づくりで心がけていたのは、子どもが「自己表現」をすることでした。子どもが自己表現をできるようにするには、どのような「問い」を提示するかが重要です。

それは、一問一答のような問いばかりではありません。子どもが自分の考えを自由に表現できるような問いにしてみました。

例えば、「2／3を絵で描いてみよう」という問いはどうでしょうか。子どもたちからはいろいろな考えが生まれます。子どもの自己表現力に感動する瞬間です。

また、そのような問いだからこそ、子どもは「わからなさ」を表現できます。「わからなさ」と向き合うことで、教科書を見たり、仲間と話し合ったり、子どもは「わかるようになりたい！」と動き始めます。

さらに、子どもの「わからない」という声を共有することは、教室の安心感を生むのにも欠かせません。安心できる教室で学んでいるから、子どもたちは「わかる」喜びを実感するのではないでしょうか。最初の子どもの言葉にもあった通りです。

苦手な子どものことを大事にして、その子どもの立場で授業をつくる。それをいつでも忘れないようにしたいものです。

●つまずきから学び始める

教師になってすぐの頃、子どもがつまずかない「起承〝承〟結」のような授業をしていました。転ばぬ先の杖という言葉の通り、前もって、先回りして準備をしていました。授業中も教師がたくさん説明して、間違っている子どもにはすぐに教えて……としていました。2章で紹介したような「隠れ学級崩壊」の場面とも似ています。確かに、子どもたちはうれしそうでした。

しかし、子どもたちが社会にでた後も、転ばぬ先の杖はあるでしょうか。おそらく、ありません。だからこそ、つまずいて転んでもまた起き上がる力を、学校の授業でつけたいものです。そのためには、「起承〝転〟結」の流れを意識し、授業のデザインを考えることが大事になります。

特に、基礎を学んでから応用問題に取り組むだけではなく、応用問題を通して基礎を学ぶということです。子どもがつまずく課題でこそ、わからなさに向き合い、基礎を学び直すことができます。

具体的な実践を紹介します。高校2年生の数学の授業において、「立方体の縦、横をそれぞれ4センチ伸ばし、高さを2センチ縮めて直方体を作ったら、体積がもとの立方体の2倍になった。もとの立方体の1辺の長さを求めよ。」という問題に取り組みました。

授業前の予想通り、子どもたちは「そもそも立方体とは何か」で悩みます。

すると、子どもは立方体の体積の求め方をスマートフォンで検索して理解していました。高次方程式の文章問題を解くことで、立方体を学び直すことができた瞬間でした。

この場面で、立方体の体積の求め方を丁寧に説明してから、応用問題に取り組むこともできました。しかし、それでは子どもがつまずきません。いきなり応用（高次方程式）から学ぼうとすることで、つまずきが生まれて、基礎（立方体の体積）を自分たちで学ぼうとすることができます。

このように、つまずきが新たな学びのスタートです。つまずいても自分で起き上がって前に進めるような子どもになるように、授業をしたいものです。

●子どもの自己決定が学びを加速させる

あるクラスでうまくいった授業でも、他のクラスではうまくいかなかったという失敗を何度も経験しました。

授業をするときに、用意してきたものを披露するだけではいけないということを学びました。だからこそ、子どもたちの実態に合わせて、適切な支援をしてきました。支援において、大事にしたことは次の3つです。

①間をつくる

すぐに教師が答えを教えるのではなく、考える間をつくりました。間をつくるために、意図的に待つことが大事になります。待つことで、子どもが「わからなさ」と向き合う機会を増やし、子どもの考え・気づきを引き出します。待つことが習慣となると、子どもの学びをよく見ることができるようになっていきます。

②曖昧に答える

授業中、子どもが「先生、これで答えは合っている？」と質問をしてくることがありますよね。この質問に対しては、「正解」とも「不正解」とも言わず、「曖昧」に答えることもありました。

もちろん、数学が苦手な子どもががんばっていたら、「お、よくできているよ。さすが」と声をかけるなど、状況によっても変わります。

しかし、多くの場合、教師が「正解」と言ってしまうと、そこで思考が止まってしまうのではないでしょうか。そこで曖昧に答えることで、子どもは自分の思考の過程を振り返る機会となります。思考を振り返るときに、教科書をもとに考えたり、「どうやって考えたん？」と仲間と対話したりと子どもの学び方は自由になります。

③違いを取り上げる

机間指導をしていると、子どもが間違った答えを書いていたり、同じ答えでも別の考え方をしていたりする場面に出会うことがあります。そのときに「みんな、違った考え方をしているね」と声をかけます。

すると、「え？　なんで？」と子ども同士で考え方を確認したり、自分で教科書を見直したりします。答えや考え方の違いは、知的な刺激となります。

全体で考えを共有するときにも何通りかの考え方を共有するなど、違いを取り上げることは他の場面でも有効です。

違いを取り上げるためには、子どもの学びを細やかに見ないといけません。机間指導のときに、子どもがノートに書いている式、他の子どもとの対話などの情報を集めます。その情報をもとに、意図的に違いを取り上げるようにしてきました。

前述の①〜③の支援により、わからなさが子どもたちを襲います。頼れるのは仲間、自然に協働も生まれます。自己と対話をするのか、他者と対話をするのか、はたまた教科書と対話をするのか。それを自己決定します。

自己決定により、学びが「自分事」になります。自分事だからこそ、本気になって考えます。それが「あっ、わかった！」につながります。「わかった」喜びは、「もっとわかりたい」のトリガー（引き金）になり、この学びのスパイラルこそが生涯学習の土台となるはずです。

●わからなさを楽しむ

新型コロナウイルスの影響で、家でお酒を飲むことが増えました。サッポロビールが好きでよく飲んでいます。サッポロビールというと、俳優の妻夫木聡さんが出演するＣＭ『大人エレベーター』が有名です。みなさん、ご存知でしょうか。少し前のＣＭで、妻夫木さんが映画監督の庵野秀明さんと次のようなやりとりをしていました。

妻夫木：わかりやすさは大切ですか？

庵　野：わかりやすいとそこで終わってしまうんですよね。わかっちゃうから。わからないと、わかりたいというふうに、その人が動き始めるんです。

私はこのやりとりが大好きです。「わからなさ」と向き合うことの大事さを考えさせてくれます。今の世の中は、「わかりやすい」もので溢れていませんか。「３分でわかる〇〇」

「読むだけで●●をマスターしよう」など、多くの人は「わかりやすさ」を求めているように感じています。もちろん「わかりやすいこと」、これもとても大切です。

そして、「わかりやすさ」を求めることは、授業でも同じです。よく、子どもが「わかる」授業を目指しましょうと言われます。子どもが「わかる」ためには、「わかりやすい」ことが大事だと、以前の私は考えていました。

私は定時制高校で数学を教えていました。授業のたびに、「高校の数学は難しい、おもしろくない！」と子どもが投げ出すのではないかとヒヤヒヤ。そのため、子どもがなるべく投げ出さないように、問題のレベルを下げ、教師が丁寧に教えることをくり返していました。子どもにわかってもらいたくて、教師がどんどん説明をして教えていました。

私が一生懸命教えることで、「わかった」ような顔をしている子どもの様子を見て、安心。その結果、本当に困っている、「わからない」を言えない子どもを置き去りにしていました。子どもの学びをちゃんと見て、寄り添うこともできませんでした。当時の状況は、まさに「隠れ学級崩壊」であったと自覚しています。

そんな私が変わった瞬間があります。ある研究授業でのこと。そのときの子どもたちのやりとりを紹介します。Aさんがクラスの全員の前で、$x^2-4x+5=0$の解の求め方について、自分の考えを説明していました。子どもたちが、(4±2i)/2をどのように約分するかを考えている場面です。

Aさん（自分の考え方を、全員の前で説明する。）
Bさん「なんでさ、2が消えるん？」
Cさん「だから、こっち（4）もこっち（2i）も2で割れるやん。
iをxに変えてもいっしょじゃない？」
Bさん「二股できるってこと？」
Aさん「みんな、納得できたー？」
Bさん「納得できてない。」
Aさん「なんで？」
Bさん**「（大きな声で）なんで二股できるん!?」**

$$\frac{4\pm 2i}{2} = \begin{matrix} 2\pm 2i\,? \\ 2\pm i\,? \end{matrix}$$

Bさんは答えを$2 \pm 2i$とするか、$2 \pm i$とするか、わかっていませんでした。すると、Bさんは「なんで二股できるん⁉」と、大きな声で助けを求めました。（この約分を、「二股」と名付けたBさんの感性が何より素敵！）

自身の「わからなさ」を発信した声は、クラスの仲間の心に届きます。Bさんの「わからなさ」に対して、Aさんだけでなく他の子どもも「ああではないか」「こうではないか」と考え始めます。みんなが本気で考え、お互いに聞き合い、いつの間にか数学に夢中になっていました。

そのときの子どもたちの表情、私の心の高揚感を生涯忘れられません。これが、はじめに、で紹介した子どもたちの姿です。庵野さんの言葉の通り、「わからなさ」が主体的な学びの第一歩だと実感した瞬間です。

わからなさの魅力

先ほども紹介した「わからない」や「できない」「うまくいかない」といった言葉は、一見マイナスな印象を受けます。しかしマイナスに見えることにこそ、本当の価値があるように思います。

これからの時代、問題解決能力はもう必要なくなるかもしれません。AIやコンピューターの発展で、解を出すことは人間の仕事でなくなる可能性があるからです。ChatGPTが、最たる例です。では、その代わりに、どんな力が必要でしょうか。

その一つが「問題発見能力」だと私は考えます。授業で「ここがわからない」と言えることは、問題を発見する第一歩ではないでしょうか。うまくいっているように見えることでも、「あれ？ ここがおかしいぞ」「ここはもっと改善できるのではないか」と、自分で「わからなさ」と向き合うことが大事です。

そして、「わからない」ときにこそ、誰かに助けを求めたいですよね。私たちの仕事でもそうです。職員室で、ずっと一人で仕事をすることはなかなかできません。「あれ？ これどうしたらいいんだろう?」とわからないことが出てきたときに、隣の席の同僚に聞けるかどうか。「これ、教えてもらえませんか」と質問や相談をしないと、何も始まりません。

ちゃんと「わからない」と言える子どもを育てたい。さらには「わからないけど楽しい」「わからないから楽しい」と思えるような子どもにしたい。そのような思いで、授業を続けてきました。授業で大事にしたことが3つあります。

1つ目は、先ほども紹介した協働的な学びです。ポイントは「ゆるやかなつながり」です。ずっと誰かと協働しなさいというのは、大人でもしんどいです。「今日は一日中、隣の席の人と話し合って仕事をしてください」と言われても、なかなかうまくいきません。そうではなく、「わからない、困ったときに聞き合える」そんなゆるやかさが大事ではないでしょうか。

私の授業では、座席はグループ(3、4人組)にしていましたが、話し合うことを強制しませんでした。個人で真摯に学びに向かい、「わからない」ときに周りを頼るように伝えていました。

仲間を頼る方法は、話すだけではありません。授業でなら、隣の仲間のノートを見る、グループの仲間の会話をそっと盗み聞きする。それでも構いません。自分にあった方法で、仲間とつながればいいのです。教科書を見てもいいし、端末で調べてもいいし、友達に聞いてもいい。子どもが自分で選ぶ自由度を高めていました。

2つ目は、教科の本物の学びにせまるために「問題の質を上げること」です。以前、子どもが次のように言っていました。

「簡単な問題で自分だけわからないのは恥ずかしいけど、難しい問題ならわからないいって言える」

この子どもの声にヒントがあります。「わかる」授業をしようと思うと、ついつい簡単な問題ばかりに取り組ませたくなります。そうではなく、教科の本質に近づくような、質の高い問題に取り組んでみます。そうすることで、子どもたちは「わからない」と安心して言えるようになります。

しかも、「ゆるやかなつながり」があるから、「わからない」ことがあっても聞き合えます。そして今なら端末があるからこそ、足りない知識は自分で調べて補うことができます。ＧＩＧＡスクール構想が始まったことで、「わからなさ」で子どもたちをつなげ、これまでは避けていたような難しい問題にもチャレンジできるようになったのではないでしょうか。教科の本物の学びをどう保証するか、教師の力量が問われています。

３つ目は、子どもに「委ねる」ことです。委ねるとは、子どもが自分に合った方法で自分のペースで学ぶ時間を増やすこと。私の数学の授業では、教師が例題を説明してから問題に取り組ませるのではなく、すぐに問題に取り組むことにも挑戦しました。

子どもをつなげて、質の高い問題を与えても、教師が用意したレールの上をずっと走らせようとすると意味がありません。理解の早い子ども、すでに答えを知っている子どもが学びの中心になってしまうからです。そのような学習を続けてしまうと、「わからない」と言いにくかったり、教師が用意している答えを待ったり、依存して学習するようになっていきます。

委ねることは、最初はとても勇気がいります。「ちゃんと学んでくれるかな」「思ってもみない方向にいかないかな」と不安になるのも仕方がありません。不安になって、ついつい教師が説明したくなる気持ちもよくわかります。不安になる分、たくさんの準備をしてきました。今は端末があるので、教師が説明する内容を資料としていつでも配信できる準備をしていくことも可能です。子どもたちが「わからなさ」でつながるように、支える準備が大事になります。

そうして子どもを信じて、委ねてみる。委ねるからこそ、「わからなさ」が生まれ、仲間とつながるきっかけにもなります。すると教師が予想もしていない、おもしろい学びを見せてくれます。先述の二股問題もそうです。私自身、「こんな素敵な考え方ができるんだ」と子どもの考えに何度も感動しました。

これからの教師に必要な力の一つは、3章の最初にも紹介した「子どもが学ぶ環境を整えること」だと思います。「わからなさ」に安心して向き合える、誰かと「わからなさ」

を共有できる、そんな学びの環境です。「わかりやすく」教えるだけではありません。どうすれば、子どもが「わからない」ことと向き合えるか。そのために、何を用意すればいいのか。仲間とのつながりなのか、教科の本物の学びに近づくための資料なのか、それは目の前の子どもたちによって違います。

やはり、これまで以上に子どもの学びを見取って、子どもにどんな支援をしていくか考えたいものです。子どもの学びを中心にした授業こそが、「わからなさ」を楽しむ授業への第一歩ではないでしょうか。

「わからなさ」を大事にした授業について、子どもたちは次のように言います。

・わからないことをわからないと言うことがどれだけ大切かということを学んだ。自分がわからなければ考えるし、友達とグループで考えて答えを出す。自分たちで考える力がとても向上した。

・なぜそういう式ができるのかを理解するときが一番おもしろかった。また、友達の「わからない」に対して自分が答えられないとき、もっと学ばなきゃいけないと思った。そして、その「わからない」についていっしょに考えてわかったとき、その瞬間が一

番記憶に残っている。

- **元々、授業中にわからないと言うのも嫌でした。しかし、吉岡先生の授業で「わからない」「教えて」と自分から言えるようになりました。「なぜそうなったか」を考えることも習慣となりました。**
- **人として「わからなさ」と向き合うことはとても大切だと思う。数学という授業で、「わからなさ」と向き合う力をつけることができてよかった。なんでそうなるかっていうところまで理解することが習慣になった。**

「わからなさ」は教師にとっても、子どもにとっても、学びのエンジンであることを子どもたちから学ぶことができました。

●授業を変える、には

では、授業を変えるにはどうすれば良いのでしょうか。よりよい授業をつくるために大事にしたいことを考えてみます。

先日、ある中学校で見学した授業から学んだことがあります。授業者はM先生。私が以前勤務していた学校でいっしょに働いていました。

学習者用デジタル教科書（英語）を活用した授業をするということで授業を見学にいきました。私の知るM先生の授業はというと、どちらかと一斉授業をしているイメージでした。おもしろい話で子どもを惹きつけて、教師がたくさん説明をして、そしてしっかりと教えていくという授業をしてきていました。

それが今回はどうでしょう。授業を見て驚きました。今回の授業では、子どもが学習者用デジタル教科書を活用しながら、3、4人組のグループで教科書の会話文を読むことに挑戦しました。学習者用デジタル教科書の活用によって、教科書の本文の再生を途中で止めたり、何度も聴いたりして、子どもが自分のペースで本文の音声を聴くことが可能です。

そんな授業中、次のようなやりとりがありました。

子どもA　「この単語の読み方は何ですか」

M先生　「自分で音声を聴いて、グループで確認してみましょう」

このやりとりに、私はとても驚きました。以前のM先生ならば、「これはこうやって読むんですよ」と嬉々として自分で教えていた場面でした。しかし、今回は違っていました。教師が教えるのではなく、子どもたち同士をつなげて学びを深めていく。教師は教える役割ではなく、ファシリテーターとして子どもたちの学びを支えています。そのような姿を見ることができました。

このようなやりとりの後、子どもは仲間と話し合いながら自分たちで英文の読み方を確認して理解を深めていました。グループでの協働学習のときに、学習者用デジタル教科書〝も〟活用することで、主体的・対話的で深い学びの実現につながっていました。子どもたちは最後まで、自分たちの力でゴールまでたどり着いていきました。そしてその様子を優しく見守るM先生。その姿を見て、私は何だか目頭が熱くなりました。

そして、授業が終わってからM先生と話をしました。すると次のようなことを言っていました。

「この中学校に赴任して、これまでの一斉授業では子どもたちが学べないことがわかり

ました。だからこそ、子どもたちが学び合う活動を取り入れて、どの子どもも学ぶことができるようにしました。子どもたちのおかげで、授業を変えることができました。今は、子どもたちが自分たち自身で授業を作り上げていくことが深い学びにつながると考えています。これからも子どもたちの姿を見て授業を考えていきます。そして、〝学ぶことの楽しさ〟を感じてほしいと思います」

M先生は子どもを見て、子どもに寄り添ったからこそ、授業を変えることができました。やはり、まずは子どもを見ることを大事にしたいものです。

● 教師のつながり

授業を変えるには、教師一人の力では足りません。子どもが協働的な学びで支えられるように、教師にとっても、仲間との協働、つながりが必要になります。

GIGAスクール構想の推進と授業改善を校内でどう進めるか、そんな視点から学ぶことができました。

特に、GIGAスクール構想の推進においては、教師のICT活用のスキルに差があり、なかなか校内での活用も進んでいないこともあるかもしれません。同じように感じておられる方も多いのではないでしょうか。ICTが苦手な教師もどう巻き込んでいくか。そのために奮闘した小学校のことを紹介します。

その学校の職員室に入って、驚きました。職員室の一面の黒板のことです。通称、GIGA黒板と言われるものができていました。

この黒板では、いろいろなICTの活用方法が短冊となって紹介されています。いくつかの項目を紹介します。

・子どもたちが端末のカメラ機能を使って、写真を撮る。
・子どもたちが、協働学習ツールを使ってファイルを提出する。

このような項目に対して、終わったクラスの教師は○をつけていきます。すると、まだそのツールを活用できていないクラスが明確になります。

このやり方をまねしてください、というわけではありません。もし、同じようなことを、読者のみなさまの学校でやってみるとどうでしょうか。

ひょっとすると、〝きょうそう〟になるかもしれません。「また、○○先生のクラスが遅いね」と言うだけで終わってしまう可能性もあります。

しかし、この学校はそうではありませんでした。「○○先生が困っているから、みんなでサポートしよう」と〝きょうどう〟できていたようです。校長先生は、次のようにおっしゃっていました。

「ICTが得意でない先生も『次に何をやったらいいか』がわかるようにしています。GIGAスクール構想が始まったことで、教職員の協力体制も更に強くなりました。」

校長先生がおっしゃることの意味がよくわかりました。教師同士、非常に仲が良いのです。普段から職員室で、授業づくりや学級経営の悩みを相談し合っているようです。改まった会議の場だけでなく、日々の雑談の中で相談ができていました。

そんな教師間のつながり、関係性ができているからこそ、困りごとを「見える化」することで、みんなで支え合うことができていました。

やはり、ＧＩＧＡスクール構想、そして授業改善をさらに推進していくには、教師のつながりが不可欠です。

よく子どもを見て、理解を共有する

そんな教師のつながりは、子どもの理解にも大いに生かされます。

授業で子どもが問題を考えているときは、私は教室の前方から子どもたち全員の様子を見ていました。

そして、困っている子どもがいたら、その子どもの近くへ移動して様子を見たり、支援をしたりします。支援が終わると、また教室の前から全体を見ます。全員を見て、困っている子どもに支援して、また全体を見て……。このような繰り返しです。

そうしていくと、次のような見とりが生まれることでしょう。

「Ａさんは資料から読み取ることが得意だな」
「Ｂさんは仲間に聞きながら上手に学んでいるな」

授業の中で、子どもの学びを見とることができます。子どもを見る力が高まれば、自然と子ども理解も進みます。

「あれ？　Cさんの表情が昨日までと違うぞ」
「Dさんはいつもよりぼーっとしている時間が多いな」

子どもの些細な変化に気づけるようになります。子どもを見る力がないとそのような気づきは生まれません。さらにその気づきを同僚と共有することも重要です。共有する場は、職員室です。黙っていても、何も生まれません。最初は勇気がいりますが、座席が近い先生や仲の良い先生に自分から、ちょっと勇気を出して声をかけていきたいものです。

「今日の授業でDさんの様子が……」

このように自分から同僚に相談することで、「そういえば私の授業でも……」と新たな情報をもらえるかもしれません。情報を共有することで、子ども理解がさらに進んでいきます。すると次のような考えが生まれます。

「Dさんがこの問題でつまずいたら、すぐに支援をしよう」
「Eさんが困っていたら、グループの周りの子どもに聞くように声をかけよう」
「Fさんはこの問題がすぐにできるだろうから、終わった後のために次の問いを用意しておこう」

といったように、子どもの立場から具体的な支援を考えることができるようになります。

そういった支援によって、子どもも「あ、この先生は私のことをちゃんと理解してくれている」と安心できます。その積み重ねが、教師と子どものつながりを強めていき、子どもは教師のことを信頼するようになります。信頼感が生まれると、子どもはさらに授業を楽しみにして学ぶようになっていきます。

このように、子どもを見る、そして共有すること。このために、仲間の力も借りたいものです。

●うまくいかないからこそ

ときには、授業づくりがうまくいかないこともあるかもしれません。私も初任者のころ、授業がうまくいかず、職員室でしょんぼりしていました。すると、隣の席の先生が声をかけてくださいました。

「どうした？　何かあったか？」

このように心配して、声をかけてくださったことで、私は子どものことや授業のことをたくさん相談することができました。このような声かけがなかったら、今の私はなかったかもしれません。（本書の冒頭でも紹介した通りです）

つまり、教師同士もつながりがあることで、授業づくりに関する失敗もたくさん受け止めることができます。私の場合は、よく周りを見てくださっていた先輩に助けてもらいました。

このように授業づくりで悩むことがあれば、自分だけで受け止めようとしないでください。同僚に相談、共有することです。きっと仲間が助けてくれます。

学校はチームですので、みんなで子どもたちと向き合っていくことができます。教師同士も普段からつながって、子どもたちの気持ちに寄り添っていきたいものです。そして授業づくりにチャレンジしていきましょう。

私たちは一人ではありません。子どもも教師も、それを実感できる居場所づくりを大事にしたいものです。

おわりに

少しだけ、昔話にお付き合いください。

私が定時制高校に勤務していたときのことです。私と2年間数学を学んだ卒業生が、学校に遊びに来ました。その子どもは専門学校に進学しており、私の顔を見るなり、こう言いました。

学校の授業で「わからない」と言ったら、最初は先生とか友達にめっちゃ驚かれた。でもこれでいいねん。私、ちゃんと「わからない」って言えるようになったから。きっと誰かが助けてくれると思うから、これからもがんばるわ。

この子どもは、自分の「わからなさ」と向き合えるようになり、乗り越える方法も学んだのでしょう。その言葉に私は、教師をやっていてよかった、そう心から思えました。

わからないことやうまくいかないことを受け入れて、乗り越えることを楽しむ。こんなことも教師には必要になるはずです。

実は、3章で紹介したサッポロビールの「大人エレベーター」のCMには続きがあります。

妻夫木：わかりやすさは大切ですか？

庵　野：わかりやすいとそこで終わってしまうんですよね。わかっちゃうから。わからないと、わかりたいというふうにその人が動き始めるんです。このもうわかりづらいからいいや、といかないわかりづらさなんですよ。そこにすごいバランスこだわりますね。

庵野さんが言う「わかりづらいからいいや、といかないわかりづらさ」を追求するのが教師の仕事ではないでしょうか。このバランスこそ、教師にとっても簡単にわからないものです。

ついつい、うまくいくことや簡単なことを追い求めたくなります。だって、そのほうが簡単なのですから。私もそうです。

しかし、同じことを繰り返していていいのでしょうか。子どもたちの未来に責任を持てるでしょうか。子どもたちに「挑戦しよう」と言うように、私たちも挑戦を続けていきたいものです。

たくさん挑戦して、そして時には失敗もして、わからないことに向き合っていく。そのために、自分の実践、授業づくりや学級づくりを客観的に判断できて、うまくできていないことを認知する必要があります。簡単なようで、とても難しいことです。

やはり、目の前の子どもの様子をしっかりと見ていないといけません。

どの学校の先生も、きっと子どもたちが大好き。そして一生懸命です。だからこそ、うまくいっていないことが見えなくて困っているかもしれません。恋は盲目といった言葉があるように。

本書では、問題として認識しづらい〝隠れ学級崩壊〟を取り上げました。そして、どうすれば解決できるか、と具体的な方法を提案しました。

みなさまの困りごとに寄り添って、いっしょに考えていける、そんな存在になっていたでしょうか。

方法論に正解はありません。私が提案したものも一つの方法です。だからこそ、教師が子どもたちをしっかりと見て、子どもたちから学び続けること。子どもを起点に挑戦し続けるしかありません。

全国の先生、子どもたちのために、少しでもお役に立てればいいな。

そんな思いが学事出版の星さんと合致して、この本は完成しました。いっしょに仕事ができて本当に楽しかったです。この場を借りてお礼申し上げます。ありがとうございました。

この本を手に取ってくださった方が、自分の実践を振り返り、子どもたち、周りの先生といっしょに、新たな一歩を踏み出すきっかけになれば、うれしい限りです。

参考文献等

・佐藤学「学びの偽装―授業崩壊の新傾向―」『内外教育』第7042号 時事通信社、1頁
・学級経営研究会「学級経営をめぐる問題の現状とその対応」2000
・文部科学省「令和3年度生徒の問題行動・不登校等生徒指導上の諸課題に関する調査結果について」2022
・文部科学省「小学校学習指導要領（平成29年告示）」
・文部科学省「中学校学習指導要領（平成29年告示）」
・文部科学省「高等学校学習指導要領（平成30年告示）」
・文部科学省『生徒指導提要（改訂版）』2022
・文部科学省「令和3年度児童生徒の問題行動・不登校等生徒指導上の諸課題に関する調査結果の概要」2022
・文部科学省『「令和の日本型学校教育」の構築を目指して～全ての子供たちの可能性を引き出す、個別最適な学びと、協働的な学びの実現～（答申）』2021
・OECD（経済協力開発機構）「OECD Learning Compass 2023」
・文部科学省「通常の学級に在籍する特別な教育的支援を必要とする児童生徒に関する調査結果（令和4年）」2022

・文部科学省「令和元年度学校教員統計調査（確定値）」２０２０
・文部科学省「１人１台端末の利活用状況について」２０２２
・ＯＥＣＤ「ＯＥＣＤ国際教員指導環境調査（ＴＡＬＩＳ）２０１８調査」２０１９、２０２０
・文部科学省「教員勤務実態調査（令和４年度）［速報値］」２０２２
・エドガー・デール「経験の円錐（Cone of Experience）」１９４６
・秋田喜代美『学びの心理学』左右社　２０１２
・佐藤学『学校を改革する―学びの共同体の構想と実践』岩波書店　２０１２
・苫野一徳『「学校」をつくり直す』河出書房新社　２０１９
・中嶋洋一『「プロ教師」に学ぶ真のアクティブ・ラーニング―〝脳働〟的な英語学習のすすめ―』開隆堂出版　２０１７
・Ｌ．ヴィゴツキー・柴田義松『思考と言語』新読書社　２００１
・サッポロビールＣＭ『大人エレベーター』
・吉岡拓也『ＧＩＧＡスクール構想に対応した中学校数学のＩＣＴ活用アイデア＆アクション』明治図書出版　２０２２
・吉岡拓也「教えて先生Ｑ＆Ａ」第１６０回　日本教育新聞　２０２２
・吉岡拓也「教師同士が相談し合える関係を！」『月刊学校教育相談』４月号56-58頁　ほんの森出版　２０２２
・吉岡拓也「ＩＣＴ〝も〟活用できる学びの環境を整える」『月刊学校教育相談』６月号56-58頁　ほんの森出版

・吉岡拓也「どんなツールも使う人次第」『月刊学校教育相談』1月号56-58頁　ほんの森出版　2023

著者プロフィール

吉岡 拓也（よしおか・たくや）

神戸市教育委員会事務局学校教育部教科指導課指導主事。

1990年、奈良県生まれ。神戸大学発達科学部を卒業後、神戸市立高等学校での勤務を経て現職。前任校では3年間、教務部長として活躍。自律して学び続ける生徒を育てるために、同僚を巻き込んで授業づくりに取り組む。

現在は指導主事として、ICTを活用した授業改善を担当。神戸市立小学校、中学校、高等学校に足を運び、GIGAスクール構想におけるたくさんの挑戦を支えている。

第17回学事出版教育文化賞奨励賞受賞。

主な著書に『GIGAスクール構想に対応した中学校数学のICT活用アイデア＆アクション』（明治図書出版）がある。


このクラス、 ひょっとして隠れ学級崩壊?

2023年7月23日　初版第1刷発行

著者　吉岡拓也
発行人　安部英行
発行所　学事出版株式会社
101-0051　東京都千代田区神田神保町1-2-5
TEL　03-3518-9655
HP　https://www.gakuji.co.jp/

編集担当　星　裕人
デザイン　弾デザイン事務所
イラスト　長野美里
印刷・製本　電算印刷株式会社

落丁・乱丁本はお取り替えします。
ISBN 978-4-7619-2929-9　C3037 Printed in Japan